Buddhismus zur Einführung

Jens Schlieter

Buddhismus zur Einführung

JUNIUS

Junius Verlag GmbH
Stresemannstraße 375
22761 Hamburg

Umschlaggestaltung: Florian Zietz
Titelfoto: dpa, Hamburg
Satz: H & G Herstellung, Hamburg
Druck: Druckhaus Dresden
Printed in Germany 1997
ISBN 3-88506-955-5
1. Auflage Oktober 1997

Die Deutsche Bibliothek - CIP-Einheitsaufnahme

Schlieter, Jens:
Buddhismus zur Einführung / Jens Schlieter. - 1. Aufl. -
Hamburg : Junius, 1997
(Zur Einführung ; 155)
ISBN 3-88506-955-5
NE: GT

Inhalt

Vorbemerkung

»Ein Mönch fragte Chao-chou: ›Was sagt der Satz, 'Bodhidharma kam aus dem Westen'?‹ – Chao-chou: ›Die Zypresse vor der Haupthalle.‹« [1]

»Ho-shang Pa-chiao sprach zu den versammelten Mönchen: ›Wenn ihr einen Krückstock habt, gebe ich euch einen; wenn ihr keinen habt, nehme ich ihn euch weg.‹« [2]

Spätestens bei diesen auch im Westen bekannt gewordenen Aussprüchen buddhistischer Meister wird deutlich, daß eine Einführung zum buddhistischen Denken vor einer schier unüberwindlichen Schwierigkeit steht, weil der Diskurs hier abgebrochen, ja, geradezu verweigert wird. Sicher »sagen« solche Aussprüche etwas, denn ansonsten wären sie kaum über inzwischen mehr als tausend Jahre weitergegeben worden. Es scheint, daß jene Sprüche auch *uns* etwas sagen. Kann aber das, was sie »sagen«, überhaupt erörtert werden? Entspricht nicht ihr Sinn einem zentralen buddhistischen Anliegen, nämlich eine Wachsamkeit jenseits des sprachlich Ausdrückbaren zu wecken? Durch jeden Versuch, die »wesentlichen Momente« des Buddhismus diskursiv darzustellen, wird dann nicht nur diese Erfahrung verfehlt, sondern mit jedem darüber gesprochenen Satz sogar erneut verhindert.

Angesichts dieser wohl unumgänglichen Schwierigkeit sollte vielleicht der Rat des Philosophen L. Wittgenstein beherzigt werden: »Wenn man sich nicht bemüht, das Unaussprechliche auszusprechen, so geht *nichts* verloren. Sondern das Unaussprechliche ist – unaussprechlich – in dem Ausgesprochenen *enthalten.*«[3]

Viele buddhistische Gedanken, wie z.B. die Konzeption einer dezentrierten Persönlichkeit, eines relationalen Denkens und die Schulung konzentrativer und meditativer Erfahrung, stoßen derzeit auf großen Widerhall. Dennoch bleiben sie in manchen Aspekten so hartnäckig resistent gegenüber einer vereinnahmenden Interpretation, daß der Buddhismus geradezu zum Paradigma einer anderen Wirklichkeitsauffassung geworden ist. Dies nicht zuletzt deshalb, weil die Buddhisten praktisch aller Traditionslinien und Schulen auf dem Primat der eigenen Erfahrung bestehen, einer Haltung, die der europäischen Form der »kommunizierten Erfahrung« stark entgegensteht.

Im Bewußtsein dieser Schwierigkeiten möchte ich versuchen, den Entwicklungsgang des buddhistischen Denkens darzustellen. An mir wichtig erscheinenden Punkten habe ich der Diskussion verschiedener Sichtweisen mehr Raum gegeben. Andere Kapitel, z.B. jene zu historischen Erscheinungsformen des Buddhismus, führen eher beschreibend in das Thema ein. Der Schwerpunkt ist insgesamt auf die Momente gesetzt worden, die im Zentrum des gegenwärtigen philosophischen Interesses am Buddhismus liegen. Denn die Vielzahl von Forschungsergebnissen und Übersetzungen, die in den letzten Jahren publiziert worden sind, aber auch die neuen Fragestellungen zeitgenössischer Philosophen ermöglichen einen neuen Blick auf das buddhistische Denken. Insbesondere in solchen Gedankengängen, zu denen sich keine europäischen Parallelen finden, liegt dabei ein großes Potential – sogar, wenn sie mißverstanden werden. »Denn der Wert eines Gedankens mißt sich an seiner Distanz von der Kontinuität des Bekannten«[4], wie Th. W. Adorno sagte. Solche Gedanken können also helfen, die verdeckten Grundlagen der eigenen Tradition besser zu erkennen.

Zumindest wäre es wünschenswert, daß außereuropäische Denktraditionen, wie bereits in den USA geschehen, ihren Platz in der akademischen Philosophie erhalten, damit diese, nach einem treffenden Ausspruch von M. Eliade, nicht Gefahr läuft, »provinziell« zu werden. Die Probleme, die durch die Globalisierung der europäischen Zivilisation hervorgerufen worden sind, gehen in der Tat alle etwas an – und können daher, wenn überhaupt, nur von allen gelöst werden. Ein erster Schritt in diese Richtung könnte von der europäischen Seite her die möglichst offene Auseinandersetzung mit außereuropäischen Gedanken und Traditionen sein.

Durch die Konzentration auf das »Denken« – möglichst allgemein verstanden – sind andere Aspekte des Buddhismus wie etwa die Biographie des historischen Buddha, politische und gesellschaftliche Aspekte der Mönchsgemeinden usw. weitgehend ausgeschlossen worden. Im Anhang finden sich dazu weiterführende Literaturhinweise.

Tibetisch wird mit Wylie und Chinesisch mit Wade-Giles transliteriert.

Abkürzungen:

AN:	Aṅguttara-Nikāya	chin.:	Chinesisch
DN:	Dīgha-Nikāya	jap.:	Japanisch
MN:	Majjhima-Nikāya	p.:	Pāli
SN:	Saṃyutta-Nikāya	skt.:	Sanskrit
Sn:	Sutta-Nipāta	tib.:	Tibetisch

1. Einleitung

Buddha: Religionsstifter, Reformer oder Philosoph?

Der Buddhismus wird üblicherweise mit dem Christentum und dem Islam zu den drei großen »Weltreligionen« gezählt, deren Heilsbotschaften oder Erlösungswege den Menschen aller Sprachen und Kulturen offenstehen. Allerdings bereitet die Definition, was der Buddhismus »wesenhaft« ist, große Schwierigkeiten. Ist er eine Religion? Eine Philosophie? Mystik? Eine reformatorische Protestbewegung? Oder vielmehr eine Art religiös motivierter Psychotherapie? In ihrem Drang, »den Buddhismus« zu definieren, greifen viele auf die beliebte europäische Denkfigur zurück, in der geschichtlich ursprünglichsten Gestalt den reinen und wahren Kern zu erblicken. Dieser Forschungsansatz hat sicher sehr wertvolle Ergebnisse erbracht. Auf den historischen Begründer des Buddhismus, Gautama Siddhārtha, angewendet, verleitet er jedoch zur Annahme, daß (auch hier) dem »Religionsstifter« eine herausragende Bedeutung zukäme. Die Frage nach dem »historischen Buddha« ist aber für die meisten Buddhisten von geringer Bedeutung. Der Lebensweg Gautama Siddhārthas ist nur insofern bedeutsam, als er die Wirklichkeit des »Erwachens« vorführt, die Gautama den Ehrentitel »Erwachter« (skt. *buddha*) eingebracht hat. Indische Buddhisten bezeichneten sich deshalb als Anhänger der »Buddha-Lehre« bzw. des »Buddha-Gesetzes« (skt. *buddha-dharma*). Die Gesamtheit des Buddhismus heißt nach der Formel, mit der jemand das Annehmen des Glaubens bekundet, die »Drei Juwelen«: Zufluchtnahme zu *Buddha*, dem *Dharma* und der »Gemeinde« (skt. *saṃgha*). Vielleicht ist aber der japanische Ausdruck »Weg des Buddha« (jap. *butsudō*) die treffendste Bezeichnung für das, was europäischerseits »Buddhismus« genannt worden ist, da mit dem Bild des »Weges« zentrale buddhistische Vorstellungen verknüpft sind.[5]

Während das Lebensalter des historischen Buddha kaum umstritten ist – er wurde achtzig Jahre alt –, ist die Diskussion um seine historische Verortung immer noch zu keinem festen Ergebnis gekommen. Das traditionell errechnete Datum von 560-480 v.u.Z. muß als unzureichend abgesichert gelten. Aber auch das von jüngeren Forschungen im Zeitraum um 380-340 v.u.Z. angesiedelte Todesjahr ist noch umstritten.[6]

Gautama kam als Sohn des Regenten Śuddhodana aus der Sippe der Śākyas zur Welt. Dieser regierte über das Śākya-Reich, was dem heutigen Grenzraum Süd-Nepāl/Uttar Pradesh und Bihār (Indien) entspricht. Der Jüngling wuchs in der fürstlichen Atmosphäre des Kriegeradels heran und heiratete Yaśodharā, mit der er einen Sohn namens Rāhula hatte. Diese Lebensweise wurde ihm allerdings nicht zum Lebensinhalt, da er sie letztlich als vergänglich ansah. So verließ er mit 29 Jahren seine Familie, um sich dem damals höchsten Heilsziel zu verschreiben, nämlich als Bettelasket (skt. *śramaṇa*) die »Todlosigkeit« (*amṛta*) zu erreichen. Er widmete sich bis zum Alter von 35 Jahren den asketischen und meditativen Erlösungspraktiken verschiedener Yoga-Lehrer – jedoch erfolglos. Daraufhin kehrte er, ohne sein Ziel aufzugeben, zu einer gemäßigten Lebensform zurück, woraufhin ihn die fünf Jünger, die ihn zu ihrem Lehrer erwählt hatten, wieder verließen. Eines Tages ließ er sich unter einem Feigenbaum in der Nähe von Bodh-Gayā nieder. Gelassen und glücklich, heißt es, öffnete ihm die Meditation erstmals einen neuen Erfahrungsraum. Er durchlief mehrere Versenkungsstufen, die in einem vollständigen »Gewahrsein« – seiner selbst, der Situation sowie des Wegs aus dem Vergänglichen und Endlichen – einmündeten. Diese Erfahrung nannte er später das »Erwachen« (skt. *bodhi*). Das Wort »Erleuchtung«, mit dem *bodhi* oft übersetzt worden ist, sollte besser vermieden werden, da es als Metapher für dieses Ereignis möglicherweise zu einem Mißverständnis führt. Denn die »Erleuchtung« (*illuminatio*) hat im christlichen Glauben ihren Ursprung im Licht Gottes, wobei das »Erleuchtet-*Werden*« ein gnadenhafter Akt ist (vgl. Eph. 1, 15-19). *Bodhi* hingegen bedeutet »Erwachen«, »Aufwachen«, sogar »Erkennen«. Es hat ursprünglich keine Verbindung zur »Licht«-Metapher. Das Erwachen wird als ein Vorgang beschrieben, der sich nur in dem »zum wachen Bewußtsein« oder »Gewahrsein« Kommenden vollzieht.

Der Überlieferung nach nahm die Lehre, die Buddha nach anfänglichem Zögern verkünden sollte, schon in den folgenden Wochen Gestalt an. Als erstes unterwies er fünf Asketen in der berühmten »Predigt von Benares«. Etwa 45 Jahre zog er dann als Lehrer einer wachsenden Schar von Bettelmönchen umher. Er lehrte in Diskussionen und Unterweisungen, mit Gleichnissen und konkreten Ratschlägen, die ein beeindruckend didaktisches Geschick, aber auch Gespür für die damalige Konstellation der weltlichen Mächte zeigen. Seiner Gemeinde gab er verbindliche ethische Regeln, ohne jedoch eine zentrale Autorität zu benennen, die über seinen Tod hinaus Bestand hätte. Buddha starb im Alter von achtzig Jahren an einer Lebensmittelvergiftung in Kuśinagarī.[7] Von seiner Lehre hat er nichts schriftlich fixiert.

Sicherlich sah Buddha sich selbst als Lehrer eines Erlösungsweges: So sagt er in einem Gleichnis, wie das Meer vom Geschmack des Salzes durchzogen sei, habe seine Lehre ebenso überall nur den einen Geschmack der Erlösung. Dieser Erlösungsweg ist aber nicht einer privilegierten Gruppe – wie etwa den Brahmanen – vorbehalten.[8] Durch die Ablehnung einer religiösen Vorrangstellung per Geburt, der zeitgenössischen Opferkulte, Gottesvorstellungen usw. wie auch durch seine strikten ethischen Anweisungen trägt Buddha durchaus Züge eines Reformers. Anderenorts scheint Buddha eher von einer mystischen Grundhaltung getragen zu sein.[9] Die *Praxis* seiner Lehre fordert hingegen entschieden, der eigenen psycho-physischen Vorgänge und Bewußtseinsinhalte gewahr zu werden. Das Ziel wird somit auch als Erlangung von »Erkenntnis« (skt. *prajñā*) beschrieben. Dies heißt nun nicht, daß Buddha »eigentlich« ein Philosoph war, wie z. B. an seiner Rede an jene deutlich wird, die ihn um Rat fragen, weil sie sich einem Dickicht sich widersprechender Theorien gegenübersehen. Dort sagt er: »Geht nicht [...] nach Gerüchten, nicht nach der Überlieferung der heiligen Schriften, nicht nach bloßen Vernunftgründen [p. *takkahetu*] und logischen Deduktionen, nicht nach äußeren Erwägungen, nicht nach der Übereinstimmung mit euren Ansichten [p. *diṭṭhi*] und Grübeleien, nicht nach dem Scheine der Wirklichkeit, nicht danach, daß der Asket [d. h. auch Buddha!] euer Meister ist.«[10]

Trotz der Ablehnung spekulativ-logischer Theorien ist Buddha von einem emanzipatorischen Erkenntnisinteresse geleitet, was sich schon darin ausdrückt, daß es primär darum geht, die »Unwissenheit«, genauer das »Nicht-Wissen« (skt. *avidyā*), zu überwinden. Doch immer wieder finden sich das philosophische Denken und der Weg der »unterscheidenden Erkenntnis« an die eigene Erfahrung – und Erfahrbarkeit überhaupt! – zurückgebunden. Immer wieder heißt es: »was der Erhabene verkündet als selbsterkannt und selbsterfahren«[11]. So liegen die Probleme auch vielmehr im eigenen Bewußtsein als »in« der Welt: »Wahrlich, mein Freund, ich sage Euch, daß in eben diesem Körper, sterblich wie er ist und nur ein Klafter groß, aber mit Bewußtsein [skt. *samjñā*] und Verstand [*manas*] begabt, sich die Welt befindet [und ihre Ursache] und ihr Wachsen und Abnehmen und der Weg, der zu ihrer Überwindung führt.« [12]

Buddha war ebensowenig »Philosoph« wie wesentlich (nur) Asket, Reformer oder Religionsstifter. Vom »Wesen« Buddhas oder des Buddhismus zu sprechen scheint mir in mehrerer Hinsicht außerhalb der Möglichkeiten der Sprache zu liegen. Gerade die philosophischen Aspekte sind jedoch von der buddhistischen Tradition besonders stark entfaltet worden. Auf sie soll daher hier der Schwerpunkt gelegt werden, um demjenigen, der mit religiösen, psychologischen oder philosophischen Gedanken der buddhistischen Tradition konfrontiert wird, Grundlagen zu vermitteln und weiterführende Hinweise zu geben.

Zunächst möchte ich kurz auf den geistesgeschichtlichen Hintergrund Buddhas eingehen, der insbesondere durch den vedischen Ritualismus und die upaniṣadische Einheitsmystik geprägt wurde. Einfluß hatten aber auch materialistische oder sogar nihilistische Positionen, die von ebenfalls herumziehenden Lehrern und deren Schülern vertreten wurden. Da im frühen Indien der Yoga gewissermaßen als schulübergreifende »Ekstasetechnik« (M. Eliade) praktiziert wurde, werden die yogischen Wurzeln des Buddhismus, obwohl sie mit den upaniṣadischen Lehren eng verknüpft sind, hier gesondert dargestellt. [13]

Veda und Upaniṣaden

Schon am Anfang der geistigen Überlieferung steht in Indien das »Wissen« (*veda*). Dieses »Wissen« der heiligen Gesänge bekundet den universellen Zusammenhang der wirkmächtigen Potenzen, die die Weltordnung (*ṛta*) durchweben. Der einzelne lebte im Gefüge dieser ewig sich erneuernden Weltordnung, die aus komplexen Entsprechungen aller Ebenen bestand: Dem Opferaltar entsprechen die rezitierten Gesänge bis hin zu den einzelnen Silben und Lauten, denen wiederum entsprechen die kosmischen Mächte und Gottheiten, wobei letztere ihren Ausdruck in den Jahreszeiten, aber auch in der menschlichen Anatomie finden, usw. In einer so erschlossenen Welt ist etwas einzelnes in seiner konkreten Substanz kaum zu umgrenzen, denn es findet sich im anderen, in das es jederzeit übergehen kann. Das Wissen, diese magischen Potenzen durch Opferformeln und -rituale richtig zu lenken, wurde von den Brahmanen gehütet und weitergegeben. In einer solchen Situation magischer Verknüpfungen besteht die Gefahr, daß sich die magische Macht umkehrt und gegen denjenigen wendet, der sie zu beherrschen versucht. Dieser Gefahr folgt die nächste, nämlich die des Machtmißbrauchs durch die Monopolisierung des magischen Wissens, begleitet durch mythische Rechtfertigungen der bestehenden Ordnung. Beispiele für die Vielschichtigkeit der Praktiken zu Zeiten Buddhas finden sich u. a. im *Brahmajāla-Sutta* (DN 1), wo vom Beschwichtigungs- bis zum Entmannungszauber alles magisch Mögliche und Unmögliche genannt wird. Buddha hat diese ganze Anschauung – vom Glauben an Opferrituale bis zur Zeichendeutung – abgelehnt, da erst mit dem vollständigen Magieverzicht ein tugendhaftes Leben möglich sei. Außerdem verhindert die Sichtweise, daß die Welt von magischen Kräften durchwaltet ist, ohne Angst und Fremdbestimmung in ihr zu leben.

Zur Interpretation der Vedas (ab ca. 1200 v.u.Z.) entwickelten sich neben anderen Auslegungstraditionen auch jene der upaniṣadischen Texte (ab ca. 800 v.u.Z.), mit denen zumeist der Beginn philosophischer Reflexion in Indien angesetzt wird. Genauer sind dies die dort entwickelten Vorstellungen über »Sein« (*sat*) und »Wahrheit« (*satya*), Durch-sich-selbst-Entstandenes und Fremderschaffenes, Transzendenz und Immanenz usw. In einem einflußreichen Gedanken, der uns in den Upaniṣaden begegnet, wird das transzendente »Selbst« des Menschen, das »Ātman« (skt. *ātmā*), als ewig beharrend und doch hinter allen seinen Erkenntnisakten unerkennbar zurückbleibend gedacht: »Du kannst den Seher des Sehens nicht sehen, du kannst den Erkenner des Erkennens nicht erkennen.« [14] Dieses Selbst erreicht sich erst, wenn alle Differenzen aufgehoben sind: »Wenn einer [außer sich] kein andres sieht, kein andres hört, kein andres erkennt, das ist die Unbeschränktheit [...]. Die Unbeschränktheit ist das Unsterbliche, das Beschränkte ist sterblich.« [15] Seinen mystischen Ausdruck erfährt dieser Gedanke in der berühmten Gleichsetzung des Ich mit der Essenz von allem, dem »Das bist Du« (skt. *tat tvam asi*) [16], wobei die Rückkehr in das undifferenzierte Brahman, das gestaltlose und göttliche Absolute, zugleich Erlösung bedeutet. Solange daher der Verbund der körperhaft-geistigen Person (*nāmarūpa*, »Name-und-Form«) in seiner Vereinzelung besteht – ein Gedanke, der im frühen Buddhismus aufgenommen wird –, solange ist keine Loslösung erreicht.

Zu den Fundamenten des buddhistischen Denkens gehört ein Komplex, der sich wohl ebenfalls in der Zeit der Upaniṣaden herausbildete, nämlich die Verknüpfung der kosmologischen Zeitalterlehre mit der Lehre der »Wieder-« oder »Weitergeburt« entsprechend der Tathandlungen, d. h. das »Herumwandern« (skt. *saṃsāra*). »Fürwahr, gut wird einer durch gutes Werk [*karma*], böse durch böses« [17], so die lakonische Antwort des Weisen Yājñavalkya. Im indischen Horizont scheint nicht so sehr der Tod, sondern das ewige Nicht-sterben-Können und Immer-wieder-Sterben die grausamste Not zu sein. Von dort her ist aber verständlich, warum sowohl upaniṣadische Denker, Yogins (Yoga-Praktizierende) als auch Buddhisten in einem übereinkommen: nämlich in der unbedingten Suche nach einem

»Riß« in der Zeit, einem Fluchtweg, durch den wirkliche und grenzenlose Ruhe gefunden werden kann.[18]

Das upaniṣadische Denken ist – wie vielleicht der Anfang aller Philosophie – Ausdruck einer bereits brüchig gewordenen Tradition, einer existentiellen Unsicherheit, wobei die Vorstöße des Denkens erstaunlich weit gehen. Z.B. mit der auch im Buddhismus zu findenden Annahme, daß »die Vielheit ein *vācārambhana* – etwa: ›eine Ergreifung durch die Rede‹, und ein *nāmadheya* – eine ›Namenssetzung‹ sei«[19]. Die Ausdifferenzierung der Welt ist also maßgeblich durch die Vielfalt der Sprache verursacht. Daher muß der Weg zur Rückkehr in die Einheit durch die Rücknahme der Sprache geebnet werden, da sie die Dinge multipliziert.

Yoga

yogaś cittavṛtti nirodhaḥ
Yoga ist das Aufhören aller [unkontrollierten] Geistesbewegungen
Patañjali, Yogasūtra I.2.

Die vorklassischen Formen des Yoga, wie sie etwa in den jüngeren Upaniṣaden auftauchen, gehören zu den prägendsten Wurzeln des frühbuddhistischen Denkens. Der oben angeführte Vers stammt zwar aus der Zeit des klassischen Yoga, der mit der systematischen Zusammenfassung der Lehren durch Patañjali etwa im 2. Jahrhundert v.u.Z. beginnt, faßt jedoch diesen Weg bündig zusammen:

Es geht um die vollständige Befreiung des Geistes (*citta*) von allen lebensweltlichen, bewußten oder unbewußten Beeinflussungen. Dramatischer ausgedrückt: Im Yoga findet sich der Versuch, die Versklavung des Geistes durch die Eigendynamik der unkontrollierten Bewußtseinsakte radikal aufzuheben. Dieser

Versuch gelingt, wenn am Ende des Weges das transzendente Selbst des Menschen (*puruṣa*) ganz aus der Erscheinungswelt herausgelöst ist.

Aus den vielfältigen Formen des Yoga möchte ich drei Momente herausheben, die besonders auf den Buddhismus eingewirkt haben: erstens die psycho-physische Basis der Yoga-Erfahrung, zweitens den Stufenweg der Erkenntnis und drittens die Verknüpfung von Versenkungstechnik und Heilserfahrung.

Schon das erste Moment nötigt gewissermaßen zu einem »Kopfstand« üblicher Denkkategorien, denn im Yoga findet sich keine platonisch-strikte Trennung von Körperhaftem und Seelischem. Es gilt also, etwas zu denken und zu erfahren, was sich sowohl psychisch als auch physisch manifestiert, ohne sich jedoch auf das eine oder andere zurückführen zu lassen. Da sich zu den entsprechenden Begriffen schwer Äquivalente finden lassen, hat es sich eingebürgert, hier von »feinstofflicher Materie« zu sprechen. Als Beispiel sei der auch in buddhistischen Texten erwähnte »Geistkörper« (*manomaya*) genannt, den der Yogin aus dem leibhaften Körper herausziehen kann, ohne doch die Fähigkeit zu verlieren, in diesem losgelösten Körper »leibhafte« Erfahrungen zu machen.[20]

Die Grundlage der yogischen Fähigkeiten liegt in der »Anjochung«[21] bzw. konzentrierten An- und Einspannung jener potentiellen psycho-physischen Kraft. Diese wird nicht durch die Erkenntnis ihrer Funktion oder ihren Gebrauch entfaltet, sondern durch das Innehalten bzw. das Zurückhalten dieser Kraft.

Eine der bekannten Übungen ist die Atemschulung (*prāṇāyāma*). Der Atem (*prāṇa*) wird dabei rhythmisiert und verlangsamt, wobei dem Anhalten des Atems große Bedeutung zukommt. Das Atmen wird nach der frühindischen Auffassung allerdings nicht nur als physiologischer Vorgang verstanden, den einige psychische Effekte begleiten. In vielen Texten erscheint der

Atem als das lebenserhaltende Prinzip. Z.B. heißt es in der *Kauṣītaki-Upaniṣad* 3.2.: »Denn solange in diesem Leibe der Prāṇa weilt, so lange weilt auch das Leben; denn durch den Prāṇa erlangt man in dieser Welt das Nichttotsein und durch das Bewußtsein (*prajñā*) die wahre Erkenntnis.« [22] Übersieht man diese Konnotation, so kann man sich bei der Atemschulung des Yoga zum Urteil verleiten lassen, es ginge dort nur um eine bewußt herbeigeführte Hypo- bzw. Hyperventilation oder Selbsthypnose.

Die Verlangsamung des Atems hat nach Eliade einen weiteren Aspekt: »Wir wissen, daß der Atemrhythmus eines Schlafenden langsamer als der eines Wachen ist. Indem der Yogin vermittels des *prāṇāyāma* diesen Schlafrhythmus ausführt, vermag er ohne Einbuße seines klaren Bewußtseins in die dem Schlafe eigenen ›Bewußtseinszustände‹ einzudringen.« [23]

Entsprechend der Kontrolle des Atems werden auch die Sinnesorgane (*indriya*) und der Intellekt bzw. das Denken (*buddhi* bzw. *manas*) von ihren Objekten abgezogen und zur Ruhe gebracht. Diese Vorgänge heißen im Yoga »Zurückhaltung der Sinne« (*pratyāhāra*) und (kontrollierte) »Konzentration« (*dhāraṇā*). Damit kommen wir zum zweiten Punkt, dem als Stufenweg vorgestellten Erkenntnisweg des Yoga. Im klassischen Yoga hat dieser Weg acht Glieder: »Äußere und innere Disziplin (*yama* und *niyama*), Körperhaltung (*āsana*), Atemregelung, Zurückhalten der Sinne [...], Konzentration, Meditation (*dhyāna*) und Versenkung (*samādhi*).« [24] Der Gedanke einer Stufenfolge läßt sich auch schon in früheren Texten nachweisen. Die kosmologische Wurzel dieser Stufen ist wahrscheinlich der Gedanke, die evolutionäre Entfaltung der Vielheit zum Ursprung zurückzuverfolgen – dazu unten mehr. Die existentielle Wurzel der Stufen kann man aber darin vermuten, daß dem yogischen Schüler ein Weg vermittelt wird, den er unter stetiger Selbstkontrolle beschreiten kann, wobei er auf jeder Stufe Erfahrungen sammelt, die ihm den weiteren Weg ermöglichen. Der Erfahrungsweg endet in der Versenkung, wenn ein »Bewußtsein ohne Zweiheit« entsteht, welches das Bewußtsein gleichsam göttlich erfüllt.

Hier liegt nun auch der charakteristische Unterschied zur buddhistischen Fassung des Yoga, nämlich im Ziel des yogischen Heilsweges. Der *samādhi* – J.W. Hauer übersetzt diesen Terminus wörtlich als »Zusammen-Heransetzen« und dem Sinn nach als »Einfaltung«[25]- führt zum Bewußtsein des absoluten Unterschieds des Selbst von der entfalteten, determinierten Welt (*pariṇāma, prakṛti*). Wie zuletzt G. Feuerstein betont hat, verbindet sich mit dieser Erfahrung des erfüllten Selbst die Erfahrung eines göttlichen Grundes, die im Yogasūtra als (personales?[26]) Gottesverhältnis bzw. -verehrung (*īśvara-praṇidhāna*) ausgedrückt wird.[27] Der buddhistische Yoga-Weg, wenn auch in vielem dem hier geschilderten ähnlich, endet hingegen in der reinen Sammlung, ohne daß eine personale oder göttliche Erfülltheit benannt würde.

Das folgende, die Einleitung abschließende Kapitel soll das geistesgeschichtliche Umfeld des frühen Buddhismus noch einmal zusammenfassen, jetzt allerdings stärker vom Blickwinkel der buddhistischen Schriften her gesehen.

Die Extreme: Ewigkeitsglaube und Nihilismus

Buddha hat seinen eigenen Weg als »mittleren Weg« gekennzeichnet. Nach dem ursprünglichen Sinn, wie etwa in der »Predigt von Benares« (SN 56) dargelegt, vermeidet dieser (mit dem »achtfachen Pfad« gleichgesetzte) Weg die Extreme, entweder einfach dem Lustprinzip zu folgen oder sich in übertrieben asketischer Selbstkasteiung zu verlieren. Der »mittlere Weg« ähnelt damit dem Aristotelischen Prinzip der »rechten Mitte« zwischen Genuß und Stumpfheit.[28] Im Extrem der Selbstpeinigung hat Buddha sicherlich die Radikalität eines Yoga-Weges vor Augen, wie er von einigen Asketen beschritten wurde, welche sich mitunter in den Tod fasteten. Mit dem anderen Extrem, der Hingabe an die Lust, macht man sich hingegen nach der buddhistischen Analyse zum Objekt des Zufälligen, also zu dem, der immer und ausweglos zwischen Lust und Leid oszilliert.

Die Metapher des »mittleren Weges« findet sich in den frühbuddhistischen Schriften aber nicht nur als Bezeichnung eines gemäßigten Yoga, sondern auch als philosophische Mitte zwischen der Theorie, daß »alles ist«, und der, daß »alles nicht ist«, wie das *Kaccāyanagotta-Sutta* (SN 12, 15) ausführt. Interessanterweise wird neben der Annahme ewiger ontologischer Prinzipien (p. *sassata-diṭṭhi*) auch die einer »vollständigen Vernichtung« (p. *uccheda*) abgelehnt. Diese beiden gehören mit vielen anderen zu den »falschen Ansichten« (*diṭṭhi*, skt. *dṛṣṭi*), die nicht zum Ziel führen. Unter diesen finden sich nicht nur die unten angeführten Ansichten der »Häretiker«, sondern auch die klassischen Annahmen der brahmanisch-upaniṣadischen Spekulation, etwa die obige, daß die Welt und das Selbst ewig seien. Letztere entstehen nach dem *Brahmajāla-Sutta* aus zwei Quellen: erstens wenn sich der yogisch Meditierende an seine früheren Existenzen und überdies sogar an frühere Weltzeitalter erinnert, aber aus dieser Schau die ontologische Schlußfolgerung zieht, daß als Basis dieser Erfahrung Welt und Selbst ewig sein müssen, zweitens wenn sich bei einem Brahmanen oder Asketen »auf Grund logischen Folgerns und von selbst [p. *sayampaṭibhānaṃ*] der Gedanke ein[stellt], dem er diese Worte leiht: ›Ewig ist das Selbst und die Welt‹«[29]. Das »Von-selbst-Entstehen« des Gedankens verweist auf die frühindische Denkfigur des »Durch-sich-Verursachten« (*sayaṃ kataṃ*) im Gegensatz zum »Fremdverursachten«, wobei auch hier Buddha seinen »mittleren Weg« verkündet, indem er nur von Verknüpfungen der »Bedingungen« spricht.[30]

Wie Buddha zogen damals auch andere Asketen umher, die viele überlieferte Lehren radikal in Frage stellten. Die Spannweite dieser Haltungen führt bis hin zu dem (ethischen) Nihilismus des Pūraṇa Kassapa oder dem vollständig deterministischen Fatalismus des Makkhali Gosāla, zwei der sechs bekanntesten sog. »Häretiker«, die in den buddhistischen Schriften oft genannt werden. Da sich Buddhas eigene Haltung von diesen Positionen anschaulich abheben läßt, möchte ich sie im folgenden kurz darstellen. Das *Samaññaphala-Sutta* etwa läßt Makkhali diese Ansichten vertreten:

»Mahārāja, es gibt nicht Grund noch Ursache für die Sündhaftigkeit der Individuen [...]. Es gibt nicht Grund und Ursache für die moralische Reinheit der Individuen. [...] Es gibt nicht eigenes Handeln, nicht fremdes Handeln, [...] nicht Menschenkraft, nicht Menschenanstrengung. Alle Individuen [...] haben ihre Daseinsform nicht kraft freien Willens, [...] sondern nur infolge von Schicksalsbestimmung [*niyati*], Umgebung [*saṅgati*], angeborenem Wesen [*bhāva*] und erfahren nur so Glück und Leiden.«[31]

In kosmologischer Hinsicht verheißt diese Lehre einen mehrere hunderttausend Weltzeitalter – sagen wir: fast ewig – andauernden Wiedergeburtszyklus, der solange selbsttätig abläuft, bis das »Fadenknäuel« (wieder) »aufgewickelt«[32] ist. Von seiten des einzelnen ist dieser Prozeß als unabänderlich hinzunehmen. Da der Mensch nach dieser Lehre weder Kraft noch Willen hat, ist es nur konsequent, auch zu behaupten, daß es keine Freiheit gibt, was hier mit den Worten umschrieben wird, daß es überhaupt keine menschlichen Handlungen gibt. Makkhalis Denken ist von den Voraussetzungen eines selbsttätigen Evolutionsprozesses (*pariṇāma*) getragen, wie aus späteren Erläuterungen (etwa von

Buddhaghosa) zu mehrdeutigen Begriffen des obigen Zitates zu erschließen ist. Nach D.J. Kalupahana ist der Kern des Gedankens die schicksalhafte Determination der einzelnen Spezies gemäß ihrer Natur.[33]

Buddha setzt sich von dieser Lehre ab, in der es weder den Glauben an ethisch bedeutsame Werke (*karma*) noch an Taten oder Kraft gibt[34], womit dem Menschen keine Möglichkeit bleibt, sich aus diesen Verstrickungen selbst zu befreien. Seine Lehre vom »Entstehen in Abhängigkeit« setzt an die Stelle fataler Kausalität eine Analyse wechselseitiger Entstehungsbedingungen, so daß der einzelne nicht ewig warten muß, bis das kosmische »Fadenknäuel« sich wieder aufgewickelt hat, sondern die ursächlichen Bedingungen im umgekehrten Sinne selbständig entwirrt und außer Kraft setzt. Denn das »Im-Entfaltungsprozeß-Stehende« (p. *vipariṇāma-dhamma*) ist, gerade weil es veränderlich ist, nicht mit dem Selbst des Menschen zu identifizieren. Für den Menschen, soviel soll hier schon vorweggenommen werden, kann es nach der buddhistischen Auffassung nie eine essentielle Schuld geben.

Pakudha Kaccāyana (wie auch Purāṇa Kassapa) geht, zumindest nach der buddhistischen Darstellung, sogar noch einen Schritt weiter: »Da gibt es keinen, der tötet oder töten läßt, hört oder hören läßt, erkennt oder erkennen läßt. Und wenn einer mit einem scharfen Schwerte einen Schädel spaltet, bringt er nichts vom Leben zum Tode, der Schnitt des Schwertes geht zwischen den Grenzen aller sieben Elementarstoffe hindurch.«[35] Dieser ethische Nihilismus – vielfach ist hier auf die Sophistik hingewiesen worden – steht tatsächlich vollkommen jenseits von Gut und Böse. Ob eine solche Anschauung wirklich vertreten worden ist oder ob sich hier ein Wille zur Abgrenzung der buddhistischen Lehre zeigt, läßt sich wohl nicht verifizieren.

Zuletzt soll noch eine der häretischen Anschauungen, die des skeptischen Agnostizismus des Sañjaya Belaṭṭhiputta, zitiert werden, da sie durchaus Ansätze zeigt, die einer buddhistischen Denkfigur ähnlich sind: »Wenn du mich fragtest: ›Gibt es ein Jenseits?‹, so würde ich, wenn ich der Ansicht wäre: ›Es gibt ein Jenseits‹, dir antworten: ›Es gibt ein Jenseits.‹ Aber das ist nicht meine Ansicht. Ich sage dazu weder ja, noch etwas anderes, noch auch nein, noch ist es meine Ansicht, daß es nicht der Fall sei, daß es sich nicht so verhalte.« [36] B.K. Matilal hat diese »fünffache Prädikation« wie folgt formalisiert: 1. Ist es dies (oder so)? – Nein. 2. Ist es das (oder die andere Möglichkeit)? – Nein. 3. Ist es anders (als die beiden Alternativen)? – Nein. 4. Ist es (überhaupt) nicht? – Nein. 5. Ist es nicht so, daß es (überhaupt) nicht ist? – Nein. [37] Augenscheinlich war den frühen Buddhisten aber ein charakteristischer Unterschied zu ihrer Fassung des Negationsschemas bewußt, denn sonst hätten sie Sañjaya nicht als einen bezeichnet, der sich mit »Aalwindungen« der Antwort entzieht. [38] Zwar kommt auch Buddha zu keiner dialektischen Synthese der Negationen. Aber er verwendet das ganze Negationsschema gewissermaßen didaktisch, um eine Gewißheit auszudrücken, die jenseits von Reflexion und Sprache liegt [39], während Sañjaya auf der Ebene des sich vollziehenden Skeptizismus verbleibt.

Zu Zeiten Buddhas wurden philosophische Gedanken bereits lebhaft diskutiert; auch wenn das Wissen von jenen Gedankengängen eingeschränkt und unvollständig bleiben muß, da nur das als bedeutsam Empfundene – und auch dieses zunächst nur in erinnerungsgemäß aufbereiteter Form – weitergegeben wurde, so ergeben sich doch Einblicke in erstaunlich konsequente Positionen.

2. Das Denken Buddhas

Zur Überlieferungssituation

Buddha selbst hat nichts Schriftliches hinterlassen. Seine Reden und Unterweisungen wurden zunächst mündlich weitergegeben, wobei es Zeugnisse darüber gibt, daß einige die autoritativen Texte auswendig konnten und vor Versammlungen vollständig aufsagten. Die Gedächtnisleistungen der Menschen jener Zeit waren enorm, nicht zuletzt deshalb, weil im brahmanischen Glauben der gesprochenen Sprache (insbesondere magischen Lauten) ein hoher Wert zugemessen wurde, der das wortgetreue Erlernen der vedischen Gesänge bzw. Schriften einforderte.

Trotz der »jüngeren« Datierung Buddhas bleiben dennoch mindestens 150 Jahre einer rein mündlichen Überlieferung seiner Lehren, bevor mit der Niederschrift der kanonischen Texte begonnen wurde. Der am weitaus umfangreichsten erhaltene Kanon ist jener der südlichen Schule, der »Schule der Älteren« (*theravāda*), abgefaßt in einem als »Kanon-Sprache« (*pāli-bhāsā*) bezeichneten mittelindischen Dialekt.[40] Viele andere Texte jener Zeit, in Birkenrinde oder Bambus eingeritzt, sind verlorengegangen, sei es, daß sie – hübsch zerkleinert – in Termitenhügeln verschwanden, sei es, daß sie dem Monsun zum Opfer fielen. Was also nicht in bestimmten Zeiten – durch das Interesse einer noch lebendigen Tradition – erneut abgeschrieben worden ist, das ist auch nicht weiter überliefert worden.

Erst im 4. bzw. 5. Jahrhundert u.Z. ist die Redaktion des Pāli-

Kanons abgeschlossen, zu einer Zeit also, in der die Trennung und Ausdifferenzierung der einzelnen Schulen bereits weit fortgeschritten ist. Durch diese Sachlage ist natürlich die Frage aufgeworfen worden, welche Teile des Kanons bzw. der einzelnen Reden tatsächlich das authentische Buddha-Wort enthalten. Die bereits von H. Oldenberg, L. de La Vallée Poussin, É. Lamotte und E. Frauwallner eingeschlagene Richtung der Buddhismuskunde, die gegenwärtig u. a. durch G. Schopen, T. Vetter, H. Eimer und L. Schmithausen weiterverfolgt wird, geht davon aus, daß sich verschiedene Textschichten um authentische Kerne herum gebildet haben, wobei sich die jüngeren Arbeiten zu der Frage, ob die »reine« Lehre Buddhas herauskristallisiert werden kann, insgesamt vorsichtiger äußern.[41] Der Pāli-Kanon ist also eine inhomogene Textsammlung, die dennoch als wichtigste Quelle der hier gegebenen Darstellung der Lehre des historischen Buddha zugrunde liegt. Traditionell wird er nach seinen drei Abteilungen *Tripitaka* (»Drei-Korb [-Sammlung]«) genannt. Er besteht aus der Sammlung (wtl. »Korb«) der Lehrreden (skt. *sūtra-piṭaka*), der Sammlung der Ordensregeln (*vinaya*°) und jener der scholastischen Texte (*abhidharma*°).[42] Da diese Texte, wie gesagt, im Lehrzusammenhang der Theravāda-Tradition überliefert worden sind, müssen entsprechende Zusätze und Veränderungen durch jene Schule angenommen werden. Trotz dieser Einfärbung spricht die große Menge verschiedenartigster Schriften, wie sie im Pāli-Kanon zu finden sind, deren Unterschiede zwar teilweise geglättet, aber nicht bereinigt worden sind, dafür, daß das meiste der ursprünglichen Lehre Buddhas doch enthalten ist.

Textkritische Bemerkungen sind allerdings nur in einigen der folgenden Kapitel gemacht worden, an anderen Stellen müßte also anstelle »nach Buddha« eigentlich »nach dem Buddha der Pāli-Texte« gelesen werden.

Die Lehre vom Leid und der Pfad zur Erlösung

Der Übersichtlichkeit halber sollen die in diesem und den nächsten Kapiteln behandelten Themen, die sich in vielfachen Varianten und Verschränkungen in den Lehrreden finden, zunächst in einen größeren Zusammenhang gebracht werden. Nicht beabsichtigt ist dabei, diese Zusammenstellung als Urfassung von Buddhas Lehre auszugeben. Denn die bisherigen Versuche in jener Richtung sind trotz der Fortschritte der historisch-kritischen Exegese zu doch recht unterschiedlichen Ergebnissen gekommen.[43]

Fundamental ist für Buddha die Stellung des Menschen in einer leidhaften Welt, die aus einem unbeständigen und rastlosen Zyklus von Wiedergeburten (skt. *saṃsāra*) besteht. In mehreren Lehrreden berichtet er, daß sich seinem in der Meditation gesammelten Geist das Leiden (*duḥkha*) als die erste der »Vier Edlen Wahrheiten« offenbarte. Als zweite Wahrheit eröffneten sich ihm die Ursachen der Leidentstehung, als dritte die Gewißheit, daß das Leiden überwunden werden kann, und schließlich, als vierte »Edle Wahrheit«, der Weg, der aus dem Leid führt. Alle Wahrheiten fokussieren also einen Punkt: das Leiden.

Diese zentrale Stellung des Leidens hat viele Interpreten dazu veranlaßt, in Anlehnung an den frühen Heidegger von einer »buddhistischen Daseinsanalyse« zu sprechen, in der ebenfalls die existentielle Not des Menschen genau analysiert wird.

Was aber wird im frühen Buddhismus als Leiden bezeichnet? Erstens die »ewige Endlichkeit« (E. Steinkellner): »Geburt ist Leiden, Alter ist Leiden, Krankheit ist Leiden, Sterben ist Leiden.«[44] Zweitens die Existenz unkontrollierbarer negativer Gefühle: Kummer, Schmerz, Depressionen, Unruhe usw., wie auch solche Grundsituationen, »mit Unliebem vereint« oder »von Liebem getrennt«[45] zu sein. Drittens die Existenz unerfüllter Wünsche: »In den der Geburt unterworfenen Wesen [...] entsteht so der Wunsch: ›Ach, wären wir doch nicht der Geburt unterworfen [...]!‹ Doch durch einen Wunsch ist das nicht zu erlangen. Das aber, was man wünscht, nicht zu erlangen, ist eben Leiden.«[46] Viertens wird das »Ergreifen« (*upādāna*) der fünf Konstituenten (*skandha*), aus denen nach der buddhistischen Sicht die empirische Person besteht, als leidhaft gesehen, denn jemand betrachtet dann die vergänglichen Momente seiner selbst, etwa den Körper oder das Bewußtsein, als sein wirkliches Wesen. Interessant ist, daß dies in einer Passage wiederum mit dem Unerfülltbleiben von Wünschen erklärt wird: Identifiziere sich jemand mit dem Körper als wahrem Ich, so leide er darunter, daß er auf ihn, etwa im Falle einer Krankheit, nicht vollständig Einfluß nehmen kann.[47] Da diese Argumentation sogar auf das »Bewußtsein« (*vijñāna*) und »spekulative Ansichten« (*dṛṣṭi*) ausgedehnt wird, läßt sich die Lehre vom Leid in dem Sinne verallgemeinern, daß jede Art der Fremdbestimmung, sei es die Unkontrollierbarkeit des Körpers oder des Bewußtseinsstromes, überwunden werden muß, wenn das Leid aufhören soll.

Eine andere, oft zu findende Begriffsreihe benennt die drei »Befleckungen« (*kleśa*), nämlich »Begierde« (*rāga*), »Haß« (*dveṣa*) und »Verblendung« (*moha*), oder, in einer aktualisierten Übersetzung von Thich Nhât Hanh, »Gier, Gewalt und Fanatismus«, als Leitphänomene des Leidens. Da alle oben beschriebenen Aspekte *prinzipiell* die Weise des Menschen, in der Welt zu sein, betreffen, kann auch der Erlösungsweg den universalen Anspruch vortragen, für alle begehbar zu sein.

Die Radikalität, mit der hier das Leiden verkündet wird, sollte auch vor dem sozialgeschichtlichen Hintergrund gesehen werden. Schon damals entstanden große Städte im Ganges-Tal, einhergehend mit sozialer Ungleichheit und Gewalttaten sowie individualistischen Abkoppelungen von dem Wertesystem einer brüchigen Tradition[48], wovon nicht nur einige der bereits dargelegten »häretischen« Positionen Zeugnis ablegen, sondern auch die asketische Selbstbesinnung der yogischen Tradition. Aus der Universalisierung des Unheils, die mit Verlust des immer schon vorausgesetzten Heils in regionalen Gemeinschaften einhergeht, folgt nach G. Mensching die Universalisierung der Heilsverkündung an alle Menschen *als je einzelne*, was die spätere »internationale« Ausbreitung des Buddhismus letztlich ermöglicht hat.[49]

Die »Zweite Edle Wahrheit« bezieht sich, wie gesagt, auf die Erkenntnis des Ursprungs des Leidens. In der Frage nach den zu diesem Leid führenden Strukturen tragen die Texte allerdings verschiedene Gedanken vor:

Das Leid ist nämlich zum einen durch den »Durst« (*tṛṣṇā*) und durch »unheilvolle Einströmungen« (*āsrava*) bedingt; eine andere Theorie führt es aber auf das »Nichtwissen« (*avidyā*) zurück. Die Theorie des Durstes steht im Zusammenhang mit der folgenden (yogischen) Auffassung: Durch den Kontakt der Sinnesorgane mit ihren Objekten entsteht Lust, die Lust drängt zur Wiederholung, und genau dieser Wiederholungszwang ist der gierige und zugleich fesselnde Durst. Dieses gewissermaßen »alltägliche Suchtverhalten« wird mit einer Psychologie der Sinneswahrnehmungen begründet, die das Thema eines eigenen Kapitels ist.

Der Durst ist nochmals weiter analysiert worden: Einige Texte nehmen die bereits erwähnte falsche Identifikation des Menschen mit der empirischen Person und das Greifen nach einem Ich als den Ausdruck des eigentlichen Durstes an. Das Nichtwissen bildet hingegen u. a. den Ausgangspunkt des – unten ausführlich zu behandelnden – »Entstehens in Abhängigkeit«, einer zwölfgliedrigen Kausalkette, die ebenfalls die Entstehung des Leidens erklärt. Frauwallner hat nun die richtungsweisende Deutung vorgetragen, daß innerhalb der Lehren Buddhas wahrscheinlich eine

Weiterentwicklung stattfand, in der die einfachere Lehre des Durstes durch die Theorie des Nichtwissens ergänzt wurde, wobei dann in der Kausalkette des »abhängigen Entstehens« beide Lehren miteinander verschmolzen wurden.[50]

Die dritte der »Edlen Wahrheiten« betrifft die Erkenntnis, daß das Leiden aufgehoben werden kann. Auch hier werden in den Texten verschiedene Wege aufgezeigt: Zum einen wird das Leiden durch die »Aufhebung« (*nirodha*) des Durstes beendet. Dies geschieht, wenn der »Edle achtfache Pfad« (*ārya-aṣṭāṅgika mārga*) – die vierte »Edle Wahrheit« – beschritten wird. Dieser gipfelt, wie der Yoga-Weg, in der »Versenkung« (*samādhi*).

Zum anderen aber wird das leidverursachende Nichtwissen aufgehoben, indem sich der Erkennende von dem »Ergreifen«, d.h. der Identifikation mit seiner vergänglichen, empirischen Person löst. Der Schwerpunkt liegt hier also wesentlich stärker auf einem der Versenkung noch übergeordneten Erkenntnisakt, einem »unterscheidenden Wissen« (*prajñā*), in welchem das Nichtwissen aufhört.

Beide Wege münden jedoch in das höchste »Erwachen« (*sambodhi*) des dann »Erwachten« (*buddha*) ein, in dem sich auch das Wissen um die Edlen Wahrheiten einstellt. Der Erwachte weiß nun, daß er von jeder künftigen Geburt »befreit« (*vimukta*) ist, wobei einige Texte dies schon als das Erreichen des Heilszieles, als »Erlöschen« (*nirvāṇa*) bezeichnen.

T. Vetter hat die Gegensätzlichkeit dieser beiden Erlösungswege, d.h. eines mystischen Meditations- und eines rationalen Erkenntnisweges, betont und dafür plädiert, den Weg der Versenkung als den ursprünglicheren zu betrachten.[51] Leider liegen die Dinge noch komplizierter, denn erst *nachdem* der »Achtfache Pfad« durchlaufen worden ist, stellt sich auch die Erkenntnis der »Vier Edlen Wahrheiten« ein – einschließlich des »Achtfachen Pfades« selbst. Wie ist das zu verstehen? H.-J. Klimkeit vermutet, daß diese Beschreibung nur einen Leitfaden für die Hörer darstellt, die zunächst das Grundsätzliche als »Glaubenssatz« annehmen sollen, »um seine innere Berechtigung am Ende des Weges gleichsam aus der Meditationserfahrung heraus zu erkennen«[52]. Man könnte nun mit Vetter den Zweifel noch weiter treiben und die Frage stellen, wie sich *in* der vierten Meditationsstufe, wo doch das »diskursiv-sprachliche Denken« (*vicāra*) schon lange aufgehört hat (vgl. u.), von Buddha die »Vier Edlen Wahrheiten« noch formulieren lassen.[53]

Für den, der sich den frühbuddhistischen Zeugnissen mit einem analytischen Blick nähert, liegen bereits im Zentrum dessen, was Buddha als sein wichtigstes Anliegen sah – den Weg zur Befreiung zu verkünden –, fast unvermittelbare Widersprüche. Die Existenz dieser Widersprüche ist erstaunlich, wenn bedacht wird, daß Buddha vielfach die Beantwortung von Fragen abgelehnt hat, die nicht zum Heil, sondern nur zu endlosen metaphysischen Spekulationen führen (vgl. u.: »Nutzlose Fragen«). Da es aber wohl als unmöglich erscheinen muß, das authentische Buddha-Wort aus den Texten herauszukristallisieren, sollen hier beide Wege, der »rationale« wie der »mystische«, dargestellt werden.

Diese ambivalente Situation hat allerdings auch positive Seiten. Vielleicht ist man mit diesem Wissen eher geneigt, die unterschiedlichen Traditionen des späteren Buddhismus, die natürlich je andere Passagen und Texte für zentral erachtet haben, von diesem Punkt her zu verstehen. Denn die Frage nach der Orthodoxie bzw. Heterodoxie zeigt sich gerade in bezug auf die späteren buddhistischen Neuerungen als kaum beantwortbar.

Im »Edlen achtfachen Pfad« spricht sich schließlich Buddhas maßgebliche Anweisung zum Weg aus dem Leiden aus. Zunächst die einzelnen Stufen mit der Übersetzung von Franke (a) und Frauwallner (b)[54]:

1.	*samyag-dṛṣṭi*	»rechte Ansicht« (a,b)
2.	*samyak-saṃkalpa*	»rechtes Wollen« (a) bzw. »rechtes Denken« (b)
3.	*samyag-vāc*	»rechte Rede« (a) bzw. »rechtes Reden« (b)
4.	*samyak-karmānta*	»rechtes Handeln« (a,b)
5.	*samyag-ājīva*	»rechter Lebensunterhalt« (a) bzw. »rechtes Leben« (b)
6.	*samyag-vyāyāma*	»rechtes Ringen« (a) bzw. »rechtes Streben« (b)
7.	*samyak-smṛti*	»rechtes Sichbesinnen« (a) bzw. »rechte Wachsamkeit« (b)
8.	*samyak-samādhi*	»rechte Konzentration« (a) bzw. »rechte Sammlung« (b)

Zur Erläuterung dieses der Überlieferung nach in der »Predigt von Benares« erstmals verkündeten Weges ist der Rückgriff auf andere, nicht ganz einheitliche Reden Buddhas erforderlich, die hier kurz zusammengefaßt werden.

Die »rechte Ansicht« besteht zunächst wiederum in dem Wissen (*jñāna*) der »Vier Edlen Wahrheiten«, aber auch in dem Urteilsvermögen, d.h. dem Vertrauen darauf, daß der Weg als ein wirksamer Heilsweg verkündet worden ist. Das »rechte Wollen« ist nach Eimer besser als »rechter Entschluß« wiederzugeben, der darin besteht, »die Verbindung zur Welt aufzugeben«, also Mönch zu werden[55], zukünftig niemanden mehr zu verletzen, die ethischen Selbstverpflichtungen einzuhalten usw. Das »rechte Reden« fordert dazu auf, die Axt im Munde, die geradezu als »Mordwaffe«[56] bezeichnet wird, zu beherrschen: nicht zu lügen, zu intrigieren usw. »Rechtes Handeln« bedeutet, den moralischen Vorschriften der Mönchsethik zu folgen: nicht zu töten, keusch zu leben, nur freiwillig Gegebenes zu nehmen usw. Dazu gehört, in durchaus eigenem Interesse allen Lebewesen gegenüber auf Gewalt zu verzichten (»Nicht-Verletzen«, *ahiṃsā*) und vielmehr freundschaftliche Gefühle zu entwickeln.[57]

Das »rechte Leben« ist dann gegeben, wenn das »falsche Leben« (durch das »rechte Handeln«?) aufgegeben worden ist; an anderer Stelle wird gesagt, daß dann die »unheilvollen Einströmungen« versiegen. Das »rechte Streben« schließlich beseitigt die »unheilsamen Gegebenheiten« (*akuśalā dharmā*)[58] und bringt die gegenteiligen hervor. Der Adept erreicht jetzt die Ruhe, in der er sich nicht mehr von Wahrnehmungen oder Urteilen über die Dinge leiten läßt. Die siebte Stufe, die »rechte Wachsamkeit«, wird zumeist mit den sog. »Vier Erweckungen der Wachsamkeit« erläutert, einer wichtigen Konzentrationstechnik, in der die Regungen des Körpers und des Geistes genauestens beobachtet werden. Das erstrebte Ziel ist – vorab gesagt – ein vollständiges Gewahrsein des Menschen in seiner Situation, ohne dabei zerstreut, fahrig oder müde zu sein. Die letzte Stufe – auch dazu unten mehr – ist die »rechte Sammlung«, die ebenfalls mit einer Vierergruppe ausgeführt wird, nämlich den vier »Versenkungen« (*dhyāna*). Ob dieser ganze Weg nun Stufe für Stufe zu erklimmen ist, wie einige Texte nahelegen, oder ob die unteren Stufen zugleich eingeübt werden sollen, läßt sich nicht genau ausmachen. Sicherlich geht es auch darum, durch die moralische Stabilisierung der Lebensweise auf den unteren Stufen eine Ausgeglichenheit hervorzurufen, um der Gefahr negativer Meditationserfahrungen vorzubeugen.[59]

Der ganze Weg ist, wie bereits gesagt, *einer* der möglichen Befreiungswege. Nach der obigen Fassung kann man davon ausgehen, daß durch die letzte Stufe, die »rechte Sammlung«, das Ziel erreicht wird: Sie soll »die Augen öffnen, das Wissen [*jñāna*] bereiten, zur Ruhe, Einsicht, Erwachung [*sambodhi*] und zum Nirvāṇa«[60] führen. In anderen Reden heißt es, daß in ihr die Befreiung *erkannt* wird: »Dem so Erlösten kommt die Erkenntnis [*jñāna*]: ›Die Erlösung ist eingetreten.‹ Er erkennt: ›Aufgehoben ist alles Werden, vorbei ist es mit der Notwendigkeit des heiligen Wandels, gelöst ist die Aufgabe, eine Wiederkehr gibt es nicht.‹«[61]

So kommt auch hier dem Wissen eine große Bedeutung zu, mit dem die Unwissenheit ihr (doppeltes) Ende findet: Der Wissende ist sich zum einen der Möglichkeit der Befreiung bewußt, zum anderen überwindet er aber auch die illusionäre Identifikation mit »seinem« empirischen Dasein und durchschaut das Bedingungsgefüge des Leidens, das »abhängige Entstehen«.

Wohl erst später ist ein weiteres Schema mit dem Achtfachen Pfad verbunden worden, nämlich die Dreiheit von »Sittlichkeit« (*śīla*), »Versenkung« (*samādhi*) und »Erkenntnis« (*prajñā*). Dabei werden die Glieder 3-5 der Sittlichkeit, 6-8 der Versenkung und – eigentümlicherweise – 1 und 2 der Erkenntnis zugeordnet, wobei diese beiden Glieder jetzt als »rechte Gesinnung« ausgelegt werden.[62] Auch dieser für den späteren Buddhismus wichtige dreistufige Weg ist ein Befreiungsweg in nuce. Das Besondere – und für manche Interpreten auch das Zweifelhafte – dieses Weges ist, daß die *in* der Versenkung sich einstellende Erkenntnis in einigen Texten nochmals als eine eigene, »krönende« Stufe über jener erscheint: »Versenkung verbunden mit Sittlichkeit [...] [und] Erkenntnis verbunden mit Versenkung erbringt reiche Frucht und großen Segen«[63]. Eine konsistente Deutung dieser verschiedenen Wege wäre, daß nach der Einübung und Vervollkommnung des moralischen Handelns meditative Erfahrung und Erkenntnis ineinandergreifen müssen. Das sagt auch der abschließend zitierte Vers 372 des *Dhammapāda*:

> »Es gibt keine Meditation (*dhyāna*) für den Nicht-Erkennenden,
> keine Erkenntnis (*prajñā*) für den Nicht-Meditierenden;
> derjenige mit Meditation und Erkenntnis ist dem Nirvāṇa nahe.«[64]

Person ohne Zentrum: Bündelpersönlichkeit und Nicht-Ich-Lehre

Der Gedanke, daß in dem einzigartigen Individuum, für das man sich gewöhnlich hält, kein Ich zu finden sei, ruft bei vielen Unverständnis und Unsicherheit hervor, während derselbe Gedanke andere, die darin die Überwindung des Egoismus oder einen Akt der Befreiung zum spontanen Handeln sehen, geradezu beflügelt.

Die Gegner dieser Auffassung führen dabei an, daß sich schon mit jedem der Sätze, die lauten: »Ich will ...«, »Ich denke ...« usw., doch das selbstverständliche Faktum zeige, daß es ein Ich geben müsse, das da will und denkt. Geht die Verunsicherung hingegen tiefer, wird gesagt, daß eine Gesellschaft mit dem Aberkennen der personalen Identität ihr Fundament verlieren würde, denn wer sollte dann für das, was »er« tut, verantwortlich sein? Das Ich wird so zur ethischen Forderung: Sollte es tatsächlich nicht existieren, so müßte es erfunden werden.

Nun gehört die buddhistische Lehre des Nicht-Ich (skt. *anātmā*, p. *anattā*) zu dem, was im Fokus des gegenwärtigen Interesses am Buddhismus liegt. Dieses Interesse hat sicherlich etwas damit zu tun, daß die klassische Sicht auf das Ich in der europäischen Kultur dieses Jahrhunderts von mehreren Seiten erschüttert worden ist. Zu erwähnen wären da, begleitet durch den allgemeinen Zweifel an der Existenz einer unsterblichen Seele, z.B. die skeptischen Beobachtungen von Friedrich Nietzsche (im Nachlaß), die Einführung des Un(ter)bewußten bzw. die Aufspaltung des selbstbewußten Ich durch Sigmund Freud und andere Psychoanalytiker; oder die »impersonale« Daseinsanalyse von Martin Heidegger. Aber auch die soziologische Kategorie des psychischen Systems, die neuropsychologischen Forschungen zu den beiden Hirnhälften, das Phänomen sogenannter multipler Persönlichkeiten und, nicht zuletzt, die postmoderne Rede vom Tod des Subjekts gehören in diesen Zusammenhang.

Leider kann hier nicht diskutiert werden, inwiefern die buddhistische Nicht-Ich-Lehre tatsächlich mit diesen Sichtweisen oder Gedanken zusammengebracht werden kann. Es soll nur nebenbei bemerkt werden, daß der Gedanke der Ichlosigkeit auch durch die Rezeption des buddhistischen Denkens ab der Mitte des 19. Jahrhunderts an Einfluß gewonnen hat. Nietzsche und viele andere kannten z. B. H. Oldenbergs 1881 erschienenen Klassiker der Buddhismuskunde, in dem es zur »Leugnung des Ich« heißt: »Wir müssen uns hier der Vorstellungsweise völlig entäußern, welche das Innenleben nur dann als ein verständliches gelten läßt, wenn sie seinen wechselnden Inhalt, jedes einzelne Gefühl, jeden Willensakt zu einem und demselben bleibenden Ich in Beziehung setzen darf. Diese Art zu denken widerstrebt dem Buddhismus von Grund aus.«[65]

Die Frage aber, was denn die Nicht-Ich-Lehre besagt und ob sie überhaupt dem Anliegen des historischen Buddha zuzurechnen ist, hat in der Buddhismuskunde zu langen Auseinandersetzungen geführt. Zunächst sollen daher die in den frühen Schriften zu findenden Gedanken zum Komplex der Person dargestellt werden.

Ob der buddhistische Gedankengang etwa die upaniṣadische Bedeutung des mystisch-ewigen Ātman-Prinzips schlechthin voraussetzt, kann nicht sicher gesagt werden. Denn zum einen ist das Pāli-Wort *attā* ein reguläres Reflexivpronomen und je nach Fall mit »bei sich«, »mir selbst« usw. übersetzbar. Zum anderen kann es als Substantiv nicht immer mit »das Selbst« übersetzt werden, sondern ist manchmal besser mit »Natur« oder »(sein) Inneres« wiederzugeben. Daß aber »Er dachte in seinem Inneren« auch mit »Er dachte bei sich (selbst)« ausgedrückt werden kann, ist einer der Gründe, warum inzwischen *an-attā* als Substantiv weniger mit »Nicht-Ich« als vielmehr mit »Nicht-Selbst« übersetzt wird.[66]

Zur Bezeichnung der Persönlichkeit hingegen werden von den frühen Buddhisten andere Worte verwendet: u.a. der Ausdruck »Person«, *pudgala*, durchaus alltagssprachlich gemeint als Subjekt von Gedanken und moralischer Handlung, außerdem das allgemeine Wort für »(Lebe-)Wesen«, *sattva*, oder das Kompositum »Name und Form«, das speziell die »individuierte Person« meint. Der letzte Begriff wird nun weiter analysiert, indem gesagt wird, daß die körperhafte Seite (*rūpa*) aus den vier Elementen – also Erde, Wasser, Feuer und Luft – und die geistige Seite (*nāma*) aus Empfindung (*vedanā*), Wahrnehmung (*samjñā*), Denktätigkeit (*manasikāra*), Wille (*cetanā*) und Sinneskontakt (*sparśa*) bestehe.[67] Bereits an dieser Analyse wird die buddhistische Sicht deutlich, keines der psychischen oder körperlichen Kennzeichen als bleibendes Wesensmerkmal zu sehen. Noch deutlicher wird dies an den fünf Persönlichkeitskonstituenten, den »Gruppen« (skt. *skandha*), die zur Standardbeschreibung des empirischen Menschen avancieren. Diese fünf Elemente, die später genauer betrachtet werden, sind üblicherweise: 1. Körperlichkeit/Gestalt (*rūpa*), 2. Empfindung (*vedanā*), 3. Wahrnehmung/Vorstellung (*samjñā*), 4. (unbewußte) Gestaltungen (*samskāra*) und 5. Bewußtsein/Erkennen (*vijñāna*).

Diese Gruppen sind wie verschiedene Bündel aus einzelnen Fäden zu einem Seil verflochten, das dann die Person ausmacht, ohne daß sich einer der Fäden durch das ganze Seil zöge, vielleicht so, wie sich auch einer naturwissenschaftlichen Theorie zufolge der menschliche Körper in einem bestimmten Rhythmus komplett austauscht, ohne daß diese physiologischen Vorgänge Wesensveränderungen implizierten. Von allen fünf Bündeln heißt es nun in einer oft wiederholten Passage:

»[Buddha:] ›Was denkst du, Soṇa, ist Körperlichkeit [Empfindung usw.] beständig oder nicht-beständig?‹ [Soṇa:] ›Nicht-beständig, Herr.‹ – ›Was aber unbeständig ist, ist das freudvoll oder leidvoll?‹ – ›Leidvoll, Herr.‹ – ›Was aber unbeständig, leidvoll und der Veränderung unterworfen ist, kann man davon zu Recht behaupten: 'Dies ist mein', 'Dies bin ich', 'Dies ist mein Selbst [p. *attā*]'?‹ – ›Gewiß nicht, Herr.‹«[68]

An anderer, möglicherweise jüngerer Stelle heißt es: »Der Körper ist wie ein Schaumball, Empfindung wie eine Luftblase, Wahrnehmung wie eine Fata Morgana, die Gestaltungen wie der [hohle] Wegerich-Stamm, das Bewußtsein wie eine Illusion.«[69] In der Bündelpersönlichkeit gibt es – nach den meisten der späteren Deutungen – tatsächlich keinen Ort, der gewissermaßen als Logos, Ich, Vernunft oder eine andere transzendente Größe den Konstituenten übergeordnet wäre. Entsprechend ist auch kein »Wesen« (Ātman) des Menschen benennbar, das dem Geschehen von Entstehen und Vergehen enthoben ist. Denn »Vergänglichkeit« (*anityatā*) ist ja das primäre Kennzeichen der empirischen Person.

Findet sich in den Zitaten aber die Vorstellung einer vollständigen Ichlosigkeit? Zunächst geht es darum, sich nicht mit etwas gleichzusetzen, das vergeht, da diese Gleichsetzung leidhafte Erfahrungen hervorruft. Aber auch das, was man gestern »war« und empfunden hat oder morgen »sein wird« – auch dies »sollte man in rechter Einsicht der Wirklichkeit gemäß so ansehen: ›Das gehört mir nicht, das bin ich nicht, das ist nicht mein Ich‹.«[70] Der Text enthält somit nur die Anweisung, daß jemand sein Bewußtsein, seine Empfindungen und seinen Körper nicht als seinen Besitz oder als »sein Selbst« *ansieht*. Es könnte hier also die Meinung vertreten worden sein, daß durchaus irgendwo ein Ātman existiert. Entweder als jenseitiges »metaphysisches Selbst«, das, wie teilweise im upaniṣadischen Denken, alles Empirische transzendiert, oder als unerkennbares und unausdrückbares Selbst, das damit auch außerhalb des (vernünftigerweise) mitteilbaren Heilsweges steht, oder als ein Selbst, wie jemand es voraussetzt, der schlicht von »sich« spricht, ohne daran theoretische oder metaphysische Assoziationen zu knüpfen.[71] Die erste dieser Positionen hat allerdings mit der ganz erheblichen Schwierigkeit zu kämpfen, daß dieses Selbst nirgendwo eindeutig positiv ausgesagt wird. Auch die dritte Position erscheint mir angesichts des hohen Grades von Bewußtheit in vielen Texten nicht zuzutreffen. Die mittlere, eher den pragmatischen Sinn Buddhas betonende Position ist zwar an vielen Stellen belegbar, muß aber, wie übrigens auch die beiden anderen, mit einem Faktum konfrontiert werden: Sollte es tatsächlich möglich sein, daß die Buddhisten der meisten frühen und praktisch aller späteren Traditionen, die schon in den genannten Texten die (vollständige) Nicht-Ich-Lehre ausgedrückt sehen, mit ihren Deutungen fehlgegangen sind?

Festzuhalten ist, daß Buddha eines sehr deutlich zum Ausdruck bringt, nämlich die Einsicht, daß jede Identifikation mit den Konstituenten nicht das Ich sein kann, bzw. auch umgekehrt, daß *alles* Konstituierte als Nicht-Ich zu betrachten ist. C. Oetke betont, daß mehrere Formen der Identifikation unterschieden werden sollten: Jemand kann etwas, z.B. Reflexe, identifizieren, ohne sie als zu sich gehörig zu sehen.[72] Meistens identifiziert man jedoch etwas als »seins« bzw. kann »sich mit etwas identifizieren«, in dem Sinne, daß man es für »gut« hält. Daß sich jemand in seinem Körper, Bewußtsein usw. »wiederfindet«: das gilt es zu überwinden.

Diese buddhistische Haltung der »Disidentifikation« (T. Vetter) hat nun ein weiteres Moment, nämlich die ebenfalls oft – auch in bezug auf die einzelnen Glieder des »abhängigen Entstehens« – zu findende Anweisung Buddhas, nicht zu sagen: »*Ich* empfinde, denke ...«, sondern: »Empfindung etc. *findet statt*«.

Sieht jemand sich nämlich als Subjekt, das psychische oder mentale Zustände »besitzt«, so übersieht dieser die Bedingungen, aufgrund deren jene Zustände entstehen. Zudem ist der, welcher an das »besitzende Ich« glaubt, fortwährend auf die Absicherung seines Selbst bedacht:

»[Vatsa:] ›Hegt also der Herr Gautama irgendeine Ansicht?‹ [Buddha:] ›Eine Ansicht, Vatsa, liegt dem Vollendeten fern. Denn der Vollendete hat folgendes erkannt: Das ist die Körperlichkeit, das ist die Entstehung der Köperlichkeit, das ist der Untergang der Körperlichkeit; das ist Empfindung, [...] [Aufzählung aller *skandhas*] das ist der Untergang des Bewußtseins. Darum sage ich, ist der Vollendete durch das Schwinden, [...] das Aufgeben und das Zurückweisen aller Meinungen, aller Beunruhigungen und aller Belastungen durch die Vorstellungen von 'Ich' und 'Mein' vollkommen erlöst.‹«[73]

Der Vertreter des »wirklichen Person-Seins« (*satkāyadṛṣṭi*) muß also stets sein Ich stärken, ein in buddhistischem Sinne aussichtsloses Unterfangen, da es durch den »Konsum« von Immer-nur-Endlichem nie zum Erfolg führen kann und spätestens mit dem Tod aufgegeben werden muß. Überdies ist deutlich zu spüren, wie Buddha sich vehement weigert, Aussagen darüber zu machen, ob nicht jenseits der Benennbarkeit doch »etwas« bleibt. So berichtet eine Schrift, daß Buddha auf die Fragen, ob es denn ein Ātman gebe oder nicht, beidesmal schweigt. Später wird er von dem Jünger Ānanda gefragt, warum er geschwiegen habe, worauf er entgegnet, daß er mit der Antwort »Ja« den Ewigkeits- bzw. Unsterblichkeitsglauben befürwortet hätte, mit dem »Nein« hingegen den Glauben an die vollständige Vernichtung (d.h. den Nihilismus). Dann heißt es: »Wenn ich nun, Ānanda, [...] geantwortet hätte: ›Es gibt ein Ich‹, hätte mir das geholfen, das Wissen hervorzurufen, daß alle Dinge nicht das Ich sind?‹ ›Nein, o Herr.‹ ›Und wenn ich [...] geantwortet hätte: ›Es gibt kein Ich‹, so hätte es, Ānanda, [den Wandermönch] Vatsagotra, der ohnehin schon verwirrt ist, in noch größere Verwirrung gebracht: ›Mein Ich war doch früher und jetzt ist es nicht mehr?‹«[74] Auch an dieser Stelle bleibt die Frage nach dem Ich letztlich offen. Sehr aufschlußreich ist der vorletzte Satz, denn man könnte – wie dies die Mahāyāna-Buddhisten tun – sagen, daß er eine »didaktische« Zurückhaltung offenbart: Wenn Vatsagotra bereit gewesen wäre, so wäre ihm »mehr« zugemutet worden. Auch wenn diese Deutung vage bleiben muß, so ist doch zuzugeben, daß Buddha die (Nicht-)Existenz des Ātman gewissermaßen als Glaubenssache bezeichnet. Ich möchte den Leser bitten, sich dabei seines eigenen Vorverständnisses bewußt zu werden: Mit der im 20. Jahrhundert üblichen Denkfigur der »Hermeneutik des Verdachts« (Paul Ricœur) ist es zwar naheliegend, daß jemand glaubt, es gäbe einen Ātman, obwohl es ihn nicht gibt. Das widerlegt aber nicht die Hermeneutik des Vertrauens: also davon auszugehen, daß jemand (aus welchen Gründen auch immer) sagen könnte, es gäbe keinen Ātman – obwohl er doch glaubt, daß es ihn gibt.

Gewiß ist eines: Der Gedanke des »Ich *bin*« ist nach der buddhistischen Analyse eine Konstruktion. Dies zeigen auch Passagen, die untersuchen, woher denn dieser Glaube stammt:

»Wie wenn eine Frau oder ein Mann [...] in einem reinen blankpolierten Spiegel oder in einem Gefäß mit klarem Wasser das Bild [oder: die Sinnesempfindung] seines [bzw. ihres] Gesichtes wahrnehmend es nur dann auch wirklich erblickt, wenn sie [oder er] es auch in sich aufnimmt, nicht aber, wenn sie [oder er] es nicht in sich aufnimmt, geradeso kommt die Idee ›ich bin‹ nur zustande, wenn man die Wahrnehmung der Gestalt etc. auch in sich aufnimmt, nicht aber, wenn man sie nicht in sich aufnimmt.«[75]

Diese Gedanken erinnern nun stark an eine psychoanalytische Theorie, in der die Entstehung eines »narzißtischen Ich« von der

Identifikation mit dem eigenen Spiegelbild abhängig gemacht wird.[76] Der buddhistischen Haltung kommt es darauf an, das Spiegel*bild* nicht in sich aufzunehmen – obwohl es einem gegenüber »ist«. Insbesondere die Wahrnehmung in »Bildern« (*nimitta*) muß überwunden werden, da sie, weit mehr als Töne, zur Vergegenständlichung des Wahrgenommenen führt. Wird das Selbst-Bild aufgenommen, dann ist der Schritt zur »Einbildung des ›Ich-bin‹« (*asmimāna*) und zum Glauben an das »wirkliche Person-Sein« bereits vollzogen, denn jeder Sinneskontakt führt automatisch zu gefühlsbegleiteten Wahrnehmungen und sprachlichen Konzepten, die genauso von Gefühlen eingefärbt sind oder sogar welche hervorrufen. Anders ausgedrückt: Es geht nicht darum, darüber zu streiten, ob es einen Ātman gibt, sondern darum, eine bestimmte (natürliche) Selbstsicht, die zur »Selbstsucht« führt, abzubauen. Die Identifikation mit dem Spiegelbild dient dabei in dem obigen Zitat zur Veranschaulichung *aller* empirischen Persönlichkeitsmomente: Nicht nur die Identifikation mit dem Körper, sondern auch jene mit dem Intellekt, den Bewußtseinsinhalten usw. muß zurückgenommen werden.

Die Gefühle, die den Ich-Gedanken hervorrufen und begleiten, sind also von zentralem Interesse. So erklärt Buddha in einer komplizierten Passage des *Mahānidāna-Sutta*[77] dem Ānanda drei Arten der Selbst-Sicht. Entweder identifiziere jemand sein Selbst mit der Empfindung schlechthin, oder er sehe es als generell empfindungslos – also gewissermaßen als nicht von dieser Welt – an. Nach der dritten Auffassung sei es nur die Instanz, die zu Empfindungen fähig oder zu ihnen »bestimmt« ist (p. *vedanādhamma*). Alle drei Ansichten werden widerlegt:

1. Der Ātman kann mit keiner einzigen Empfindung, etwa dem ewigen Glücksgefühl, vollständig identifiziert werden, da jedes Gefühl vergänglich ist. 2. Aber auch empfindungslos kann er nicht sein. Das entscheidende Argument lautet: »Wo [oder:

wenn] es überhaupt nichts Empfundenes gibt, kann man da sagen [oder: gibt es dann das] ›Ich bin‹?«[78] Denn der Gedanke des »Ich bin« wird ja, wie gesagt, durch eine gefühlsbegleitete Identifikation mit dem empirischen Menschen erst geschaffen. Anders ausgedrückt: Ein empfindungsloser Ātman käme gar nicht auf den Gedanken, zu sagen: »Ich bin«, weil »er« mit einem solchen Satz gar nichts verbinden könnte. 3. Auch die dritte Alternative, das »empfindungsfähige Selbst«, weist Buddha ab: »›Wenn ja, Freund, Empfindung ganz und gar, allüberall, restlos zugrunde ginge, [...] könnte es da ein 'Das bin ich' geben?‹«[79] Die Schwierigkeit dieser Argumentation liegt in der Frage, was wohl mit dem »Aufhören der Empfindung« gemeint ist. Benennt dies, wie Oetke vermutet, die Situation des Tiefschlafes oder der Ohnmacht, in der die Empfindungen aufhören, obwohl das Selbst ja gerade immer empfindungsfähig sein soll? Oder klingt hier, wie ich vermute, das Nirvāna an, da in ihm bereits zu Lebzeiten das Spiel der Empfindungen – und damit auch das so gedachte Selbst – verlöschen kann?

Ein anderer Gedanke der frühen Schriften hat nun die spätere Diskussion zum Nicht-Selbst in eine bestimmte Richtung gelenkt, nämlich der, daß die Begriffe der Sprache überhaupt ungeeignet sind, der Komplexität des Gegenstandes gerecht zu werden. Insbesondere können sie die fortwährende Veränderung des Bezeichneten nicht nachvollziehen, ein Faktum, das Buddha gerade an den Begriffen des »körperhaften«, des »geistigen« und des »gestaltlosen Selbst« demonstriert. Abschließend heißt es dann: »Das sind überhaupt nur landläufige Namen, Ausdrucksweisen, Benennungen, Bezeichnungsarten, welche [...] auch der Tathāgata [»der So-Gegangene«, Buddha] gebraucht. Aber er nimmt sie nicht ernst.«[80]

Stärker noch formuliert dies die Nonne Vajirā in der möglicherweise frühesten kanonischen Passage einer ausdrücklichen

Nicht-Ich-Lehre. Dort bedient sie sich bereits des berühmten Wagengleichnisses: Ebenso, wie von einem Wagen nur gesprochen werden kann, wenn bestimmte Teile des Wagens in einer bestimmten Anordnung vorkommen, so kann auch von einem »Lebewesen« (p. *satta*) nur gesprochen werden, wenn die Persönlichkeitsmomente, die Skandhas, versammelt sind.[81] Der *Begriff* »Ich« ist hier implizit zu einer rein sprachlichen Größe geworden, das *Phänomen* des Ich-Bewußtseins hingegen zu einer Eigenschaft, die erst aufgrund des komplexen Zusammenspiels mehrerer Bestandteile entsteht. Ein vereinfachtes Beispiel dafür: Fünf entsprechend starke Stöcke, die einzeln einfach zerbrochen werden können, lassen sich als Bündel nicht mehr zerbrechen. Das Phänomen des Ich-Bewußtseins wird damit nicht abgestritten, aber seine unverbrüchliche Einheit wird gewissermaßen in viele kleine »Zerbrechlichkeiten«, in endliche »Gegebenheiten« zerlegt. Wird das Ich von seinen konstitutiven Momenten her verstanden, dann ist es keine absolute Größe. Es ist vielmehr nach einer schönen Formulierung das »Ich als Auge des Wirbelsturms« (»I of the storm«)[82], welches das Zentrum aller Bewegungen um sich herum zu sein scheint, tatsächlich aber windstill und »leer« ist.

Eine Frage mag man sich bei der abwehrenden Grundhaltung gegenüber dem Glauben an ein substantielles Ich vielleicht stellen: Was ist denn nun der positive Sinn der »Selbstlosigkeit«? In den frühen Schriften finden sich dafür erwartungsgemäß wenig Hinweise. Wendet man jedoch die Argumente gegen die Identifikation mit dem empirischen Selbst ins Positive, so ist zunächst von einer Abnahme des Leidens auszugehen. Denn die Anstrengungen entfallen, in dem Prozeß der steten Transfomation nach einer Instanz zu greifen, die nur »virtuell« existiert; wie etwa bei jemandem, der sich mit seinem Selbstbild als Zwanzigjähriger identifiziert hat und nun gegen das Altern ankämpft. Die Träume und Wünsche, beständig zu bleiben, weichen und geben den Raum frei, gegenwärtig zu sein. Diesen Punkt betonen besonders spätere Schriften: Je mehr das Ich, das alles auf sich hin interpretiert, verblaßt, desto mehr wird sich jemand dessen bewußt, was tatsächlich ist. Er findet sich in einer Situation, die er nicht mehr nur von einem Punkt her konstruiert, sondern der er als solcher gewahr wird. Aus dem ethischen Ansatz des späteren Buddhismus öffnet sich dadurch auch die Möglichkeit »selbstloser« Handlung: Das Gewahrwerden der Situation geht dann mit einer größeren Spontaneität des Handelnden einher, da der Abstand, den das Ich zu allem, was nicht das eigene Ich ist, notwendig aufgebaut hat, nicht mehr vorhanden ist. Die beiden nächsten Kapitel befassen sich mit der diffizilen, aber aufschlußreichen Frage, aus welchen ungewöhnlichen psychologischen und philosophischen Überlegungen heraus die Nicht-Ich-Lehre Gestalt gewinnen konnte.

Sinnesorgane und ihre Objekte

Die Sinnesorgane sind als direktes »Einfallstor« der Welt konstitutiv für den Durst, der sich an den Objekten der Sinne entzündet. Nach der frühindischen Anschauung sind die Sinnesorgane nämlich sehr eng mit ihren Objekten verknüpft. Durch diese Korrelationen werden »Empfindungen« (*vedanā*) hervorgerufen, die ihrerseits psychische Regungen in Gang setzen und zu fortwährender Geistesaktivität führen. Da es Buddha um die Beruhigung dieser Aktivitäten ging, hat er sich der besonders genauen Beobachtung dieser Prozesse gewidmet, um deren Wirkungsweisen in Erfahrung zu bringen. Auch hier finden sich verschiedene Begriffsreihen, von denen zunächst eine ausführlicher angeführt sei:

»Seh-Bewußtsein [p. *cakkhuviññāṇa*] [...] entsteht aufgrund des Auges und materieller Formen; das Zusammentreffen der drei ist Sinneskontakt [*phassa*]; abhängig vom Sinneskontakt entsteht Empfindung [*vedanā*]; was jemand empfindet, nimmt er [auch] wahr [*sañjānāti*]; was jemand wahrnimmt, darüber reflektiert er [*vitakketi*]; worüber jemand reflektiert, davon wird er eingenommen [*papañceti*]; wovon jemand eingenommen wird, ist die Grundlage [*nidāna*] einer Reihe von Sinneswahrnehmungen und Eingenommenheiten, welche einen Menschen von den materiellen Formen her bestürmen, die dem Auge vergangen, zukünftig oder gegenwärtig erscheinen.«[83]

Dieses Schema wird dann auch auf das »Riech-«, »Geschmacks-«, »Körper-« und »Mental-Bewußtsein« angewandt. Der Ablauf dieses Vorgangs sei (mit Bezug auf andere Texte) nochmals beschrieben:

1. Augen – Ohren – Nase – Zunge – körperhaftes Gefühl – Denken, d.h. die »sechs Sinnesorgane« (skt. *ṣaḍāyatana*), kommen je zusammen mit:
2. sehbaren – hörbaren – ... denkbaren Objekten;
3. diese Verbindungen bewirken Seh- ... Denkbewußtsein, denn sie bestehen im Sinneskontakt, d.h. physischer Berührung;
4. die Berührung zieht eine (entweder angenehme, unangenehme oder neutrale) Empfindung nach sich;
5. jede Empfindung hinterläßt aber, man mag sich dessen bewußt sein oder nicht, Spuren in der (Selbst-)Wahrnehmung bzw. Vorstellung (*samjñā*)[84];
6. diese Wahrnehmung ist ihrerseits Gegenstand diskursiven Denkens (*vitarka*); und dieses Denken führt schließlich:
7. zur Auffaltung und Vervielfältigung einer sprachlich gedeuteten Lebenswelt, deren Komplexität den Denkenden vollständig überfordert, indem er, so deute ich das obige Zitat, seinen Assoziationen (»Objekte« der Vergangenheit) und Hoffnungen (»Objekte« der Zukunft) ausgeliefert ist, die ihn bestürmen. Der

Weg zur Aufhebung der unerwünschten Effekte des ganzen Prozesses besteht nun darin, daß sowohl die Sinnesorgane als auch die Sinnesobjekte (und damit das jeweilige Sinnesbewußtsein) außer Kraft gesetzt werden müssen, wenn dieser »Vereinnahmungs-« und »Vervielfältigungsprozeß« (skt. *prapañca*) zur Ruhe gebracht werden soll.

Betrachten wir nun einige der ungewöhnlichen Implikationen des obigen Gedankenganges. Besonders interessant ist das Konzept, den mentalen Bereich des Denkens (*manas*) parallel zur Wirkungsweise der Sinnesorgane zu interpretieren, also nicht als eine höhere, die Sinneseindrücke synthetisierende Einheit vorzustellen.[85] Die Objekte des Verstandes sind dabei die »Gegebenheiten« oder »Konzepte« (skt. *dharmā*), die konstitutiv der Erscheinungswelt zugrunde liegen.[86] Die Bewegungsrichtung, die dem Denken im europäischen Kontext üblicherweise zugesprochen wird, nämlich daß *es* sich dem Gedachten *zuwendet*, wird hier also aufgehoben: Das gedankliche Objekt kommt mit dem Denkorgan zusammen, und daraufhin erst entsteht ein »mentales Bewußtsein« (skt. *manovijñāna*). Durch die Eigenständigkeit der Gedankenobjekte wird also das Denkorgan in Besitz genommen und maßgeblich bestimmt. Das Subjekt wird zum Objekt: Sollte daher jemand den Weg einschlagen wollen, seine Gedanken zu kontrollieren, indem er sich rein rational – und als Urheber dieser Gedanken – bestimmt, kann er dieses Vorhaben schon aus grundsätzlichen Erwägungen heraus nie zu Ende bringen. Denn erst, wenn das Zusammenkommen des Denkens mit dem Gedachten bereits stattgefunden hat, entsteht ein (beobachtbarer) mentaler Eindruck; dieser ist aber schon der »Kontakt«, der sofort die obigen Reaktionen nach sich zieht. Anders ausgedrückt: Das Denkobjekt bleibt immer uneinholbar zurück, denn man wird ja erst auf es aufmerksam, wenn jenes mentale Bewußtsein entsteht – aber dann ist es bereits »zu spät«.

Das diskursive Denken ist, wie gesagt, nicht die höhere Instanz, an der die sinnlichen Reize der anderen Sinnesorgane »verarbeitet« werden. Derselbe Prozeß läuft also in den Sinnesorganen gewissermaßen autonom ab. Inwieweit physiologische oder feinstoffliche Vorstellungen auf diese Sicht der Sinnesorgane und ihrer Objekte Einfluß genommen haben, ist schwer auszumachen. Unbestritten ist, daß die »unheilvollen Einströmungen« (*āsrava*) wie auch der »Bewußtseinsstrom« im frühen Denken als feinstoffliche Vorgänge gedacht wurden, womit sich die direkten emotionalen wie körperhaften Folgen anschaulicher erklären ließen. Diese physiologische Sicht wird allerdings hier in einen neuen Zusammenhang gestellt, da die Sinnesorgane, wenn sie selbst beobachtet werden sollen, ja nur »mentale Objekte« des Denkens sind.

Sein Ende findet der Entfaltungsprozeß erst dann, wenn innerhalb der meditativen Versenkung die Sinnesorgane selbst »entleert« werden (vgl. u.). Aber auch außerhalb der eigentlichen Versenkung gilt es, die Behütung der Sinnesorgane so weit voranzutreiben, daß praktisch kein »Wahrnehmungsbild« (*nimitta*) mehr aufgenommen wird:

»Wenn er mit dem Auge eine Form sieht, mit dem Gehör einen Ton hört [...] oder mit dem Denken eine Gegebenheit erkennt, beachtet er weder das Allgemeine noch die Einzelheiten. Das, wodurch die üblen, unheilsamen Gegebenheiten der Gier [...] auf den einströmen, der das Organ des Auges usw. nicht behütet, davor sucht er das Organ des Auges zu behüten [...]. Indem er diese Behütung der Sinnesorgane [*indriyasaṃvara*] übt, empfindet er im Innern Glück ohne Ablenkung.«[87]

Nach frühbuddhistischer Auffassung kommt die gezeitenhafte Überflutung der Sinnesorgane nur durch deren Meisterung zur Ruhe. Dann erst erlischt der ganze »automatische« Entfaltungsvorgang, der nämlich nicht durch die Bildung einer *Theorie* über vergangene und künftige Gefühle anläßlich von Sinnesempfindungen in bestimmten Situationen sein Ende findet. Im Gegenteil: Dann werden Theorien über die »Bildung der Theorie von Gefühlen« entworfen, die ihrerseits wieder Theorien benötigen – und so fort.

»Entstehen in Abhängigkeit«: Die Kausalität des Samsāra

Das »Entstehen in Abhängigkeit« (skt. *pratītyasamutpāda*) ist sicherlich der pointierteste Gedankengang des frühen Buddhismus, dessen Wert als eines der wichtigsten philosophischen Lehrstücke praktisch überall anerkannt bleibt. Sowohl im tibetischen, chinesischen wie auch japanischen Buddhismus beriefen sich die philosophischen Schulen auf diesen Lehrsatz. Dessen Komplexität führte im Rahmen neuer Deutungen immer wieder zu logischen und erkenntnistheoretischen Innovationen.

Seine Bedeutung in späteren Zeiten rührt auch daher, daß es an mehreren Stellen heißt, daß Buddha kurz nach seinem Erwachen den Sinn des abhängigen Entstehens erfaßte.[88] Damit erhält es den Rang einer tieferen Analyse der leidbringenden Faktoren und ihrer Aufhebung, mithin eines weiteren Ausdrucks des Erlösungsweges. Nicht zuletzt deshalb entzündet sich an diesem Lehrstück in der späteren Tradition ein Feuer von philosophischen Auseinandersetzungen. In der gängigen Form handelt es sich um eine Kausalkette von zwölf Gliedern (*nidāna*):

»Abhängig vom Nichtwissen [*avidyā*] entstehen die Gestaltungen [*saṃskāra*], abhängig von den Gestaltungen das Bewußtsein [*vijñāna*], abhängig vom Bewußtsein Name und Form [*nāmarūpa*], abhängig von Name und Form die sechs Bereiche [*ṣaḍāyatana*], abhängig von den sechs Bereichen der Sinneskontakt [*sparśa*], abhängig vom Sinneskontakt die

Empfindung [*vedanā*], abhängig von der Empfindung der Durst [*tṛṣṇā*], abhängig vom Durst das Ergreifen [*upādāna*], abhängig vom Ergreifen das Werden [*bhava*], abhängig vom Werden die Geburt [*jāti*], abhängig von der Geburt Alter und Tod [*jarāmaraṇa*] [...]. So kommt die Entstehung dieser ganzen Leidensmasse [...] zustande.«[89]

Die Abfolge des abhängigen Entstehens muß also umgedreht werden. Dann ist dies der Weg, wie die konditional entstehende »Leidensmasse« gewissermaßen »entkonditioniert« werden kann: »Durch Aufhebung [*nirodha*] des Nichtwissens werden die Gestaltungen aufgehoben, durch Aufhebung der Gestaltungen wird das Erkennen aufgehoben, durch Aufhebung des Erkennens wird Name und Form aufgehoben [usw.].«[90]

Dies ist die vollständige und später maßgebliche Form. Die zugrundeliegende Denkfigur des »Entstehens« (*samutpāda*, von *sam-ut* √ *pad*, »entstehen«) »in Abhängigkeit« (*pratītya*; von *prati* √ *ī*, »von etwas her-« oder »auf etwas zukommen«) ist die der Angabe zureichender »Bedingungen« (*pratyaya*): Sie kann sowohl durch den Satz: »x entsteht, wenn y entstanden ist«, als auch mit: »x hat seinen Grund in y« wiedergegeben werden.

Den Sinn der zwölf Glieder als Ganzes zu erfassen birgt nun große Schwierigkeiten in sich. Manche Passagen legen nahe, daß mit einigen Gliedern der Kette die Entwicklung des Einzelwesens, d.h. die karmisch bedingte Wiedergeburt erklärt werden soll. Diese Deutung kann aber, wie sich zeigen wird, nicht auf alle Glieder ausgedehnt werden. Allgemein formuliert, liegt der Zielpunkt des abhängigen Entstehens darin, die statische Betrachtungsweise der karmischen Leidentstehung in eine dynamische zu überführen. Es werden die einzelnen Bedingungen aufgezeigt, wie sich die Menschen – bewußt und unbewußt – in die leidhafte Welt verstricken. Jedoch muß betont werden, daß hier kein »Gesetz« einer allumfassenden und immer schon vorhandenen Schuld entworfen wird, sondern die Menschen sich durch ihre

Taten, vor allem die Tatabsichten[91], verstricken. Da das abhängige Entstehen nur das Wirkprinzip darstellt, ist zunächst keines der Glieder privilegiert. Indem die Glieder aber sukzessiv abgeleitet werden und das erste Glied das Nichtwissen ist, beginnt das Ende des Leidens wiederum mit einem Erkenntnisakt. Wie bei den »Edlen Wahrheiten« gilt es, den *Weg* zu wissen – das ist dort der Achtfache Pfad –, um sich vom Leiden zu befreien. Auch hier ist das Wissen um den Weg selbstbezüglich, da ja der Weg der Aufhebung des Nichtwissens neben dem Wissen um den Achtfachen Pfad (vgl. MN 9) die *Erkenntnis* des abhängigen Entstehens selbst *ist* (vgl. SN 12, 3).

Ein weiteres Anliegen der Lehre des abhängigen Entstehens kann darin gesehen werden, das leidhafte Wechselverhältnis von Sprache und Wirklichkeit aufzuzeigen, das nur durch meditative Erfahrungen und »höhere« Erkenntnisakte aufgebrochen werden kann. Bevor die Gesamtreihe in ihrer späteren Deutung dargestellt werden soll, möchte ich diesen Aspekt verdeutlichen. Dafür erscheint es sinnvoll, auch andere Varianten bzw. Vorstufen der Reihe zur Interpretation hinzuzuziehen. Deshalb zunächst ein tabellarischer Vergleich verschiedener Fassungen[92]:

Vollständige Kette	1. Variante	2. Variante
1. Nichtwissen	[fehlt]	[fehlt]
2. Gestaltungen	[fehlt]	[fehlt]
3. Bewußtsein	Bewußtsein sowie Name und Form	
4. Name und Form	[(3) und (4) sind wechselseitig abhängig]	
5. sechs Bereiche	5. sechs Bereiche	[(5) findet sich unten]
6. Sinneskontakt	6. Sinneskontakt	6. Sinneskontakt
7. Empfindung	7. Empfindung	[(7) wird erklärt mit (5)]
8. Durst	8. Durst	8. Durst
9. Ergreifen	9. Ergreifen	9. Ergreifen
10. Werden	10. Werden	10. Werden
11. Geburt	11. Geburt	11. Geburt
12. Alter und Tod	12. Alter und Tod	12. Alter und Tod

Es lassen sich aber auch noch Teilformen finden, z.B.:

3. Variante	4. Variante
[(1) bis (4) fehlen]	[(1), (2) und (4) fehlen]
Die einzelnen Sinneskontakte (6) der sechs Bereiche (5) verursachen	Die sechs Bereiche (5) verbunden mit ihren sechs korrespondierenden Objekten ergeben das sechsfache Sinnesbewußtsein (° *vijnāna*) [=Bewußtsein (3)];
7. Empfindung	
8. Durst	dann weiter:
9. Ergreifen	sechsfacher Sinneskontakt (6)
10. Werden	sechsfache Empfindung (7)
11. Geburt	sechsfacher Durst (8)
12. Alter und Tod	[(9) bis (12) fehlen]

Bei der 3. und 4. Variante ist der Anfang der Reihe dem oben besprochenen Prozeß der »Sinnesorgane und ihrer Objekte« erstaunlich ähnlich. Dieser gehört also in den Umkreis des abhängigen Entstehens und lautet mit substantivierten Gliedern ungefähr so:

5. Variante Die sechs Bereiche (5) verbunden mit ihren Objekten (*rūpa*) ergeben: das (6-Sinnes-)Bewußtsein (°-*vijñāna*) [=Bewußtsein (3)]; dann weiter: Sinneskontakt (6) Empfindung (7) Wahrnehmung/Vorstellung (*saṃjñā*) diskursives Denken (*vitarka*) leidhafte Vielfalt/Vervielfältigung (*prapañca*)

Es wurden offensichtlich mehrere Gedankengänge in der Gesamtkette zusammengefaßt, wie u.a. bereits La Vallée Poussin und Frauwallner betont haben. Letzterer geht, wie erwähnt, davon aus, daß eine frühere Theorie des Durstes von einer späteren Theorie des Nichtwissens überformt worden ist, die sich beide auch im abhängigen Entstehen ausmachen lassen: So sei die Kette, die mit dem fundamentalen Durst (8) beginnt und dann zum Ergreifen (9) und Werden (10) führt, die ältere, der dann Geburt (11) und Alter und Tod (12) angehängt worden sind.

Eine jüngere Kette mit größerem Erklärungspotential beginne hingegen mit dem fundamentalen Nichtwissen (1) und ende bei den sechs Bereichen (5), ergänzt durch (6) und (7).[93] Beide Ketten erklärten dasselbe, nämlich das Zustandekommen einer neuen menschlichen Wiedergeburt. Zusätzliche Anhaltspunkte zu dieser Rekonstruktion findet Frauwallner bei den späteren buddhistischen Interpreten dieser Kette, die drei Leben auf die Kette verteilen[94], also sowohl Name und Form (4) als auch Werden (10) als den Beginn einer neuen Existenz bezeichnen.

Mit dem Blick auf die obigen Varianten läßt sich das abhängige Entstehen aber auch anders interpretieren. Allen fünf Ketten sind explizit nur drei Glieder gemeinsam, die, wenn nicht der Kern, so doch zumindest der engste Verbund des Ganzen sind: die sechs Bereiche (5), der Sinneskontakt (6) und die Empfindung (7). Nach der schon bekannten 5. Variante erklären diese drei Glieder das Entstehen der Kontaktaufnahme mit der sinnlichen und gedachten Welt, die zu leidhaften psychischen *und* mentalen Aktivitäten führt. Für eine philosophische Deutung dieser Glieder spricht auch die 3. Variante, die im *Brahmajāla-Sutta* zu finden ist. Dort heißt es, daß die Spekulationen und Theorien der Brahmanen und Mönche über die Ewigkeit der Welt und des Ātman, d.h. dessen Weiterexistieren nach dem Tod, aufgrund des Sinneskontaktes (!) entstehen:

»Der Glaube aller dieser beruht auf dem Urteilen auf Grund des Sinneskontaktes. Und [...] es wäre ein Unding, anzunehmen, daß sie ihre Empfindung haben würden ohne die Sinneskontakte. Und [...] sie alle gelangen zu ihrer Empfindung durch die einzelnen Kontakte der sechs Bereiche, auf der Empfindung beruht das begehrende Interesse [*tṛṣṇā*] [an der Erscheinungswelt] [usw.].«[95]

Anders ausgedrückt: Der Sinneskontakt der einzelnen Organe führt zu entsprechenden Gefühlsregungen, die sich direkt auf die Ansichten bzw. Theorien der Menschen über das Wahrgenommene, Gefühlte und Gedachte auswirken. Es gibt also keinen »neutralen Beobachter«, sondern einen nach der Kontaktaufnahme beginnenden Vereinnahmungsprozeß, der in den Durst (8) einmündet. Genauer ist dies der Durst nach der Lust (*kāma*) und dem (eigenen) Sein (*bhava*) sowie der »Zerlegung« (*vibhava*), d.h. der Zerstörung ohne Erlösung. Der Durst bezieht sich vor allem auf die Objekte der Sinneswahrnehmung, die als beständig und konsistent imaginiert werden. Nun nennt die 5. Variante anstelle des Durstes drei weitere Glieder, die sich interessanterweise auf die Entwicklung eines bestimmten leidproduzierenden *Denkens* beziehen. Das stützt die Interpretation, in den vorigen Gliedern nicht primär die Entwicklung eines »Lebewesens«, sondern einen philosophischen Gedankengang zu sehen. Wird der Verbund der Glieder (5) bis (7) als Kern für die ganze Reihe betrachtet, so sollte der maßgebliche Akt der Aufhebung des Leidens ebenfalls »kernhaft« bei den Sinnesbereichen beginnen können:

»Indem aber der Bhikku [›Mönch‹] der sechs Gebiete des Sinnenkontaktes Entstehen und Vergehen, Annehmlichkeit und Bitternis, und wie man ihnen entrinnt, der Wahrheit gemäß erkennt, gewinnt er eine Erkenntnis, die über alle jene Dogmen weit hinausreicht.«[96]

Versuchen wir, von hier aus die Glieder (3) und (4), Bewußtsein sowie Name und Form, zu verstehen, so fällt zunächst auf, daß das Bewußtsein ebenfalls fast in allen Varianten vorkommt. Es hat allerdings in der Gesamtkette seinen Ort weiter vorn gefunden. In der 4. und 5. Variante erscheint es als Summe der Effekte, die sich bei der Berührung der jeweiligen Sinnesorgane mit ihren Objekten einstellt. Den drei »Kerngliedern« ist es dementsprechend auch anzugliedern.

Was bedeutet nun »Bewußtsein«? In anderen, oben nicht angeführten Varianten ist es einer von »Vier Nahrungsstoffen« (p. *āhāra*), die, so heißt es, »den Wesen, die (schon) geboren sind, zur Erhaltung, oder den Wesen, die nach Wiedergeburt suchen, zur Förderung«[97] dienen. Die drei anderen Stoffe sind: eßbare Nahrung, Sinneskontakt und Denktätigkeit (p. *mano-sañcetanā*). In diesem Viererensemble ist das Bewußtsein als leidhafte Nahrung bzw. Nährstoffzufuhr schon klarer konturiert. Es ist aber auch aus einem anderen Zusammenhang bereits bekannt, nämlich als einer der fünf Faktoren (*skandha*) der empirischen Person, wo es wiederum mit den Bewußtseinsformen der sechs Sinne erläutert wird (z.B. MN 38; SN 12, 2). Zusammengefaßt: Im Bewußtsein wird insgesamt ein negativ bewertetes Phänomen gesehen, das eine maßgebliche Bedingung des Leides und der Wiedergeburt darstellt. Es ist ein Strom von Reflexen, der auf die Reizungen der Sinne und des Verstandes reagiert, und als solcher ein empirischer, d. h. beobachtbarer Faktor der Persönlichkeit.

In der Gesamtkette werden Name und Form von ihm bedingt. Schon im vorbuddhistischen Denken bezeichnete dieses Kompositum die Gesamtheit der geistigen (*nāma*, eigentl. »Name«) und körperhaften (*rūpa*, »Körper«, »Form«) Faktoren der Person. Die Übersetzung von *nāmarūpa* als »Person« läßt indes einen wichtigen Aspekt dieses Begriffes unberücksichtigt. Der Name bzw. die Benennung führt dazu, daß der Benennende sich an das Benannte ausliefert. Das Benannte, also die empirische und körperhafte Form, hat dann Macht über ihn. Auch die Benennung wird nämlich als Sinneskontakt gedacht (vgl. die 2. Variante):

»›Wie nun der Sinneskontakt [*sparśa*] abhängig von Namen und Form entsteht, das ist, Ānanda, auf folgende Weise zu verstehen. Wenn [...] die Erscheinungsformen, Kennzeichen, Merkmale und Bestimmungen, durch welche das Konglomerat des Namens zum Ausdruck gebracht wird, wenn diese [...] nicht bestünden, wäre dann beim Konglomerat der Form ein Sinnes-Kontakt durch Benennung wahrzunehmen?‹ ›Nein, o Herr.‹«[98]

Die innere Beziehung zwischen »Name« und »Form« ist ein Sinneskontakt (des Denkorgans). Von daher ist auch der eigentümlich direkte Bezug zwischen Sinneskontakt und (sprachlicher) Spekulation zu verstehen. Nun kommt auf diese Weise nicht nur die Persönlichkeit zustande, sondern die benannte Welt der Vielfalt überhaupt. Als *nāmarūpa* muß deshalb der ganze Vorgang verstanden werden, mit dem eine Person sich durch den eigenen Namen individuiert und zugleich – über die Kontaktaufnahme der Sinne – mit dem so Benannten identifiziert. Durch ein und denselben Vorgang sieht sich plötzlich die empirische Person einer durchgängig benannten und differenzierten Welt gegenüber: »Wie weit, Bruder, die sechs Grundlagen des Sinneneindrucks reichen, so weit reicht die [erklärbare] Welt der Vielfalt [*prapañca*] [und umgekehrt].«[99] Dies scheint mir in kondensierter Form der »Kern« des Ganzen zu sein: Das erste und das letzte Glied der 5. Variante entsprechen sich wechselseitig. Der Gedanke der wechselseitigen Abhängigkeit findet sich bemerkenswerterweise auch zwischen Bewußtsein und Name und Form (siehe 1. und 2. Variante):

»Was muß da sein, damit Name und Körperlichkeit sei? [...] – Bewußtsein muß da sein, damit Name und Körperlichkeit sei [...]. Was muß da sein, damit Bewußtsein sei? Woher kommt Bewußtsein? – Name und Körperlichkeit muß da sein, damit Bewußtsein sei, von Name und Körperlichkeit kommt Bewußtsein. Da gedachte, ihr Jünger, [...] Vipassī also: Zurücklaufend hängt das Bewußtsein von Namen und Körperlichkeit ab, die Reihe geht nicht weiter.«[100]

In den Varianten der Kette, wo das Bewußtsein sowie Name und Form nicht weiter zurückgeführt werden, weil die Kette mit der wechselseitigen Hervorbringung beider abbricht, sehe ich den folgenden Gedanken ausgedrückt: Die benannten Formen im weitesten Sinne bringen die Regungen des Bewußtseins hervor, und das Bewußtsein erschafft um sich herum eine kommunizierbare Welt, in die es selbst Einzug hält. Das Bewußtwerden der leidhaften Existenz hängt von einer ausdifferenzierten Welt ab, die über alle Sinne eindringt. Andererseits wird die Welt erst durch die Benennungen verdichtet und unterteilt:

»›Wenn das Bewußtsein [*vijñāna*], Ānanda, an Name und Form keinen Halt finden würde, würde dann in Zukunft ein Zustandekommen der Entstehung des Leides von Geburt, Alter und Tod wahrzunehmen sein?‹ ›Nein, o Herr.‹ ›Daher, Ānanda, ist [...] dies die Ursache des Erkennens, nämlich Name und Form. Das ist es also, Ānanda, wodurch man geboren wird, altert und stirbt, [...] wodurch es eine Möglichkeit der Benennung, eine Möglichkeit der Erklärung, eine Möglichkeit der Bezeichnung gibt, [...] wodurch der Weltlauf abläuft, um das Dasein zu bezeichnen, nämlich Name und Form zusammen mit dem Bewußtsein.‹« [101]

Die Aufhebung dieses Wechselverhältnisses ist sicherlich besonders schwierig – und besonders radikal. Das Ziel ist, im »Namenlosen« als »Namenloser« zu existieren. Der Weise, heißt es, der von Name und Form befreit ist, geht wie eine ausgeblasene Flamme in die Ruhe ein und »ist der Erkenntnis verloren. [...] Für ihn [...] gibt es kein Maß; nichts, das man benennen könnte, haftet ihm an. Wenn alle Gegebenheiten aufgehoben sind, sind auch alle Wege der Sprache aufgehoben.« [102] Das letzte Namen- und Körperlose schlechthin ist das Nirvāna, auf das hier zweifellos angespielt wird.

Diese wechselseitige Abhängigkeit (*idaṃ-pratyayatā*) zwischen dem Bewußtsein aller Sinne und der sprachlich bezeichneten Person bzw. Welt wird später zu einer der wichtigsten Bestimmungen des abhängigen Entstehens im Ganzen: Alle Glieder, heißt es dann, sind gleich ursprünglich und bedingen sich gegenseitig. Bildhaft ausgedrückt: Die Kausalkette wird zum geschlossenen Kreis. Diese konsequente Weiterentwicklung hat Y. Takeuchi mit dem Stellenwert des Parmenideischen »Seins« in der abendländischen Geistesgeschichte verglichen: Die »ganze Geschichte der Philosophie des Buddhismus« sei nichts anderes »als die Entwicklung dieses einfachen, aber zugleich schwierigsten Gedankens« [103].

Die ersten beiden Glieder finden sich nur in der Gesamtkette. Das kann als Zeichen dafür genommen werden, daß sie erst relativ spät vorangestellt worden sind. Das Nichtwissen (1) wurde ja oben bereits umrissen. Darzulegen bleibt der komplexe Begriff der Gestaltungen (skt. *saṃskāra*). Hierunter sind zunächst alle Dinge zu verstehen, die »gestaltet« (*saṃskṛta*, vgl. »Sanskrit« =

»wohlgestaltet«) sind. Im buddhistischen Sinne sind damit die (auch unbewußten) Willensregungen gemeint, die, weil sie schlechtes Karma anhäufen, maßgeblich die künftige Wiedergeburt mitgestalten (vgl. MN 120). Das Nichtwissen führt demnach zu Willensregungen, verstanden als innere (Fehl-)Einstellungen der Person. Sie gliedern sich der buddhistischen Analyse gemäß in drei Bereiche: Gestaltungen der körperlichen Tätigkeit, Gestaltungen der Sprache (*vācīsaṃskāra*) und Gestaltungen des Denkens (*manosaṃskāra*). Auch hier ist das Prägende des *sprachlichen* Denkens wesentlich. Dies stützt die vorgeschlagene Deutung des Wechselverhältnisses von Bewußtsein und Name und Form, da ja das Glied Gestaltungen innerhalb der Gesamtkette vor diesen Gliedern steht und somit wohl eine später hinzugefügte Erläuterung darstellt.

Die Übersetzung »Gestaltungen« hebt auf deren Funktion ab. Es sollte aber auch die phänomenorientierte Übersetzung des Wortes als »Vorstellungen« mitgehört werden. Denn da einige Texte alle Dinge als »Saṃskāras« bezeichnen, kommt Franke zu dem Schluß, daß der Begriff sowohl »das psychische Hervorbringen der Anschauungsformen« als auch »die vorgestellten (und nur in der Vorstellung existierenden) Dinge selbst bedeutet« [104]. Dieses Resultat fügt sich gut zur Interpretation der »Kernglieder«, wo ebenfalls die Wahrnehmungsformen und das Wahrgenommene als enger Verbund betrachtet worden sind. Auch F.-R. Hamm betont, daß die »scheinbare Vermischung von Erkenntnistheoretischem mit Willenselementen« innerhalb des abhängigen Entstehens »in Wirklichkeit eine wohl beabsichtigte Verbindung« [105] ist.

Wenn nun innerhalb der Gesamtkette die zum Teil unbewußten Vorstellungsformen bzw. die Vorstellungen selbst das Bewußtsein bedingen, treffen wir erneut auf einen oben erwähnten Gedankengang. Das Bewußtsein ist nämlich bereits in Beschlag genommen, bevor es seinen »Ursprung« aufklären kann: »Wenn dieser im Nichtwissen befindliche Mensch die Vorstellung [*saṃskāra*] ›gut‹ bildet, dann haftet sein Bewußtsein [*vijñāna*] an ›gut‹.«[106] Die Beziehungen der ersten drei Glieder finden sich hier in einem Satz verdichtet, der zudem den stark analytischen Blick des Buddhismus auf die menschliche Psyche offenbart: Denn das »Anhaften« als solches, somit auch an der Vorstellung des »Guten«, muß überwunden werden.

Die ersten vier Glieder lassen – vom mittleren Teil der Kette aus gesehen – mithin eine einigermaßen konsistente Deutung zu. Anders verhält es sich mit den letzten Gliedern der Gesamtreihe. Auf den Durst folgt als neuntes Glied das Ergreifen (*upādāna*). Es benennt den Vorgang des »Anhaftens an etwas« oder »Ergreifens von etwas«. An anderen Stellen wird damit allerdings auch der »Brennstoff« (eines Feuers) oder die »Nahrung« (bedeutungsgleich mit *āhāra*, s.o.) bezeichnet.[107] Der vielfältige Gebrauch dieses Wortes zeigt nochmals, wie die einzelnen Glieder je für sich eine komplexe Situation beschreiben: Jemand ergreift und wird ergriffen, genauer, ein Ergreifen und Ergriffen-Werden findet statt. Die Begriffe spielen sozusagen im Zwischenraum des aktiven Subjekts und passiven Objekts, deren Grenzen sie auflösen. So antwortet Buddha auf die ihm gestellte Frage nach dem Ich oder Subjekt (des abhängigen Entstehens):

»›Wer ist's denn nun, Herr, der erfaßt?‹ ›Die Frage ist nicht richtig [...]. Ich sage nicht: er erfaßt. [...] Da ich nun nicht so sage, so wäre die Frage richtig, wenn man mich fragte: 'Aus welcher Ursache geht denn nun, Herr, das Erfassen hervor?' Da wäre dann die richtige Antwort: Aus dem Durst als Ursache [geht] das Erfassen [hervor].‹«[108]

Ebenso werden auch die anderen Glieder in ein impersonales Geschehen gewendet, damit niemand auf den Gedanken kommt, daß hinter den Verknüpfungen des abhängigen Entstehens ein wirklich existierendes Ich verborgen ist, welches »sich« findet, wenn die Kette aufgebrochen wird. Denn – und dies ist zugleich der Gedanke des Ergreifens – der verdinglichende Glaube an ein real existentes Selbst entsteht, sobald die empirischen Faktoren der Persönlichkeit als das »wahre Selbst« ergriffen werden. Daß vor allem das »Ergreifen der Persönlichkeitsfaktoren« (*upādānaskandha*) gemeint sein wird, geht aus der 4. Variante hervor, die nur die Glieder von den sechs Bereichen bis zum Durst – die allerdings auf sechs Glieder verteilt sind – umfaßt, und dann, zunächst erstaunlich, zu dem Thema der empirischen Person übergeht. Dieser Abschnitt führt, wie Hamm bemerkt, dasjenige aus, was sich später in dem Begriff des Ergreifens kondensieren wird.[109]

Das Ergreifen folgt also durchaus nachvollziehbar aus dem Durst, der die Ewigkeit der Lust und des eigenen Seins bereits ersehnt, was dann vom Ergreifen geistig umgesetzt wird. Dem folgt das Werden (10). Dies ist die menschliche Existenz, gedacht als Wiedergeburt. Beim Werden steht der Aspekt der Tatfolgen (*karma*) im Vordergrund. Nach dem Text der 2. Variante werden drei Existenzbereiche zur Erläuterung aufgezählt: die Sphäre der Begierde (*kāma*), des Körperhaften (*rūpa*) und des Immateriellen (*arūpa*), wobei die Sphäre der Begierde üblicherweise die Welt aller Lebewesen ist, die anderen hingegen nur dem Meditierenden zugänglich sind. In dem besagten Text wird das Ergreifen als bedingendes Glied bereits auf das karmische Werden hin ausgelegt: Als Ergreifen der (falschen) Ansichten, des (un-)sittlichen Verhaltens und des eigenen Ich bedingt es dann das künftige Werden.

Das Werden ist somit ein Umschlagpunkt, an dem die Reihe zwar noch philosophisch gedeutet werden kann, die Dimension der tatsächlich physischen Entwicklung aber den wohl maßgeblichen Sinn darstellt. Eigentümlich ist nicht nur die besagte Differenz zwischen der dafür benötigten Interpretation des Ergreifens und der üblichen Bedeutung dieses Wortes, sondern auch der Übergang zur Geburt (11). Ist dies die künftige Geburt in einem der Existenzbereiche? So lautet zumindest die Deutung der späteren buddhistischen Kommentatoren.

Die Bedeutung der beiden letzten Elemente, Geburt sowie Alter und Tod (12), des körperlichen Leidens also, das notwendigerweise der Geburt in diese Welt folgt, bieten dem Verständnis keine Schwierigkeiten. Der Zusammenhang mit der übrigen Kette hingegen ist ziemlich schwer auszumachen, da hier die Betrachtungsebene gewechselt wird. Wären die letzten drei Glieder hingegen die der 5. Variante, so hätte unsere Deutung einen konsistenten Abschluß: Auf das Ergreifen der empirischen Persönlichkeit folgte dann das defiziente Denken und die leidhafte Vervielfältigung.

Eines scheint jedoch außer Zweifel zu stehen: Es ist kaum denkbar, daß Buddha die zwölf Glieder in kurzer Zeit in dieser Form dargelegt hat. Die Kette ist vielmehr eine Verdichtung und Reformulierung von Lehrsätzen, die über einen langen Zeitraum hinweg geschehen sind. Die hier vorgetragene Deutung steht natürlich nicht außer Zweifel. Aus den verschiedenen Varianten scheint dennoch folgendes hervorzugehen: Die Kette ist nicht, wie zumeist angenommen wird, aus zwei Reihen zusammengesetzt worden. Denn für die Existenz von Einzelreihen der Glieder (1) bis (4) ist kein Hinweis zu finden, während eine solche von (8) bis (12) nur in einer stereotypen Fassung[110] vorkommt. Einiges spricht aber für die These, daß die Kette ursprünglich aus den mittleren Gliedern bestand und dann zu beiden Seiten kontinuierlich erweitert worden ist.

Manche Schritte in die Richtung, in welche die späteren Deutungen zunächst gehen werden, sind schon in den kanonischen Schriften zu finden (z.B. SN 12, 20): Das abhängige Entstehen wird zum gesetzmäßigen Ablauf der Welt, zur Kausalität des Saṃsāra, charakterisiert durch »Soheit« (*tathatā*) und »Nicht-Anderssein« (p. *anaññathatā*). Die buddhistische Tradition hat das abhängige Entstehen nicht, wie es hier versucht wurde, mit textkritischen Erwägungen betrachtet. Vielmehr wurde es zum eigenständigen Lehrstück, das unter anderem zur Entwicklung neuer Kausalitätskonzepte anregte. Die Vorstellung eines geschlossenen Wiedergeburtszyklus (*saṃsāra*) verschmolz schließlich mit dem geschlossenen Kreis des abhängigen Entstehens. Die Frage, ob Buddha tatsächlich den Durst oder das Nichtwissen als letztgültige Ursache angesehen hat, erscheint daher in einem neuen Licht: Denn das Denken in wechselseitigen Abhängigkeiten übersteigt das einfache Schema von Ursache und Wirkung. Mit anderen Worten: Der Durst bedingt genauso das Nichtwissen wie das Nichtwissen andernorts den Durst. Wichtig ist, die Zirkularität dieser Kreisgänge zu sehen, die letztlich nur den einen großen Kreislauf, den leidhaften Samsāra, erläutern.

Das entsprachlichte Denken: Konzentration und Meditation

Hat Buddha denn nun ein anderes Denken als das sprachliche für möglich gehalten? Sind die Versenkungstechniken sogar, wie dies sowohl von zeitgenössischen Buddhisten als auch von wissenschaftlicher Seite oft betont wird, der eigentliche Ort, an dem sich die Lehren des Buddhismus als *Erfahrungen* – bzw. durch ihre *Erfahrbarkeit* – bewahrheiten?

Diese Fragen berühren wohl die Grenze des Erörterbaren. Wird die erste nämlich bejaht, so stellt einen die zweite vor das Dilemma, über Erfahrungen zu sprechen, die sich der Darstellbarkeit entziehen. Beide Fragen sollen dennoch der Beschreibung der verschiedenen Meditationsübungen als Leitfragen voranstehen.

Am Ende des »Achtfachen Pfades« stehen, wie oben angeführt, zwei Glieder, die auf meditative Praktiken verweisen: die rechte »Wachsamkeit« (skt. *smṛti*) und die rechte »Sammlung« (*samādhi*). Die Struktur dieses Weges legt nahe, daß diese beiden letzten Glieder auch den Höhepunkt darstellen. Während die Wachsamkeit eindeutig durch die »Vier Erweckungen der Achtsamkeit« erläutert wird, ist die achte Stufe höchstwahrscheinlich mit einem in vier Stufen unterteilten Meditationsweg (skt. *dhyāna*) gleichzusetzen. Buddha berichtet, daß er sich schon als Heranwachsender in die erste Dhyāna-Stufe begeben habe, ein Ereignis, von dem er später sagt, dort den Weg zum Erwachen gefunden zu haben.[111] Diese hohe Einschätzung der Versenkung, gewissermaßen der eigentliche Weg zum Erwachen zu sein, teilen insbesondere einige der späteren ostasiatischen Schulen, die sich nach diesen Versenkungspraktiken benannt haben: *dhyāna* wurde im Chinesischen mit *ch'an* wiedergegeben, und aus der chinesischen Lehre bzw. Schule entwickelte sich wiederum später das japanische *Zen* (=*ch'an*).

Schon in den frühen Schriften werden sehr unterschiedliche Praktiken genannt, die ich ihrem jeweiligen Hauptaspekt nach in vier Gruppen unterteilen möchte:

I. Visualisierende Techniken

1. Übung der (meistens 10) »Ganzheitsobjekte« (p. *kasiṇāyatana*):

Der Adept betrachtet in Folge einen Erdkreis, Wasser, Feuer, Wind, Blau (und andere Farben), visualisiert diese zunächst in und später ohne deren Gegenwart. Ziel ist, den Vorstellungseindruck entstehen und vergehen zu lassen und damit zu überwinden.[112]

2. Die (6 oder 10) »Betrachtungen« (*anussati*, skt. *anusmṛti*):

Der Adept vergegenwärtigt sich Buddha, die Lehre, die Gemeinde usw. zur eigenen Stabilisierung und Reinigung.

3. Die (8) »Bereiche der Beherrschung« (*abhibhāyatana*) (ähnlich wie I.1):

Der Adept nimmt zunächst seine eigenen Körperformen wahr, später dann auch andere schöne wie abstoßende Formen und Farben, und bringt diese Wahrnehmungen unter Kontrolle.

II. Kontemplative Techniken

1. Die (4) »Unermeßlichkeiten« (p. *appamañña*, skt. *apramāṇa*) bzw. die »Brahma gleichen Lebensformen« (*brahmavihāra*):

Der Adept erweckt in sich die Gefühle der Liebe/Güte (p. *mettā*), des Mitleids (*karuṇā*), der Mitfreude (*muditā*) und der Gelassenheit (*upekkhā*), die er in alle Himmelsrichtungen ausstrahlt, bis er die Welt damit durchdrungen und befriedet hat. Ziel ist, negative Emotionen in positive zu transformieren.[113]

2. In diese Kategorie gehören auch teilweise die vier *rūpa dhyāna* (siehe IV.3).

III. Gewahrseins-Techniken

1. Die »Wachsamkeit beim Ein- und Ausatmen« (p. *ānāpānasati*).
2. Die Übung von »Wachsamkeit und Vollbewußtheit« (p. *satisampajañña*):

Das bewußte Beobachten und Ausüben jeder alltäglichen Handlung.

3. Die »Behütung der Sinnesorgane« (*indriyasaṃvara*):

Der Adept übt die Befreiung der Sinnesorgane von sinnlichen Reizen und Objekten.

4. Die (4) »Erweckungen der Wachsamkeit« (*satipaṭṭhāna*, skt. *smṛtyupasthāna*) (beinhalten III.1 und 2): Der Adept beobachtet konzentriert seinen Körper, seine Empfindungen, seinen Geist und dessen Inhalte.
5. »Beruhigung« (*samatha*, skt. *śamatha*) und »(unterscheidender) Hellblick« (*vipassanā*; skt. *vipaśyanā*) (ähnlich wie III. 4 und IV. 1; im Mahāyāna eigene Stufen[114]).

IV. Konzentrativ-meditative Techniken

1. Die »Sammlung« (*samādhi*) (Oberbegriff oder Ziel von IV.3):

Der Adept versetzt sich in einen beruhigten und konzentrierten Geisteszustand.

2. Die »Konzentration auf einen Punkt« (*ekaggatā*, skt. *ekagratā*):

Der Adept fixiert seine Aufmerksamkeit auf einen Punkt oder Gegenstand.

3. Die vier (formhaften) »Versenkungen« (skt. *rūpa dhyāna*):
Diese beinhalten IV.1 und 2. Sie werden aufsteigend durchlaufen:
1. Stufe: frei von Begierden, freudvoll, mit diskursivem Denken;
2. Stufe: frei von diskursivem Denken, von Konzentration erfüllt;
3. Stufe: frei von Freude, dabei gleichmütig und achtsam;
4. Stufe: reine Achtsamkeit und Gleichmütigkeit.
Manchmal folgen auf sie:
4. Die »formlosen Versenkungen« (*arūpa dhyāna*):
1.) Sphäre der Raumunendlichkeit,
2.) Sphäre der Bewußtseinsunendlichkeit,
3.) Sphäre des Nichts,
4.) Sphäre jenseits von Bewußt und Unbewußt;
5. zumeist nach IV.4: »Aufhören von Wahrnehmung/Vorstellung und Empfindung« (p. *saññāvedayita-nirodha*).

Die Vielfalt der Formen ist sicher mit dem yogischen Umfeld zu verknüpfen. Bevor Buddha seinen »selbst erkannten und selbst erfahrenen« Weg zum Erwachen suchte, hatte er sich den Praktiken zweier Yogins angeschlossen, von denen die des Ālara Kālāma bis in die »Sphäre des Nichts« reichte, während Uddaka Rāmaputta seine Adepten bis hin zur »Sphäre jenseits von Bewußtem und Unbewußtem« führte.[115] Die Effekte dieser Versenkungen, die auch in die buddhistische Tradition eingegangen sind – vgl. IV.4. 3.) und 4.) –, werden etwa in einer Erzählung sichtbar, in der es heißt, Ālara habe währenddessen »bei vollem Bewußtsein und im wachen Zustande [...] fünfhundert Wagen weder gesehen noch gehört, obwohl sie ganz nahe [...] vorbeikamen«[116].

Die beiden bekanntesten Formen sollen im folgenden dargestellt werden, nämlich die »Erweckungen der Wachsamkeit« (III. 4) und die »Versenkungen« (IV. 3-5). Die Erweckungen werden am Anfang und Ende des *Mahāsatipaṭṭhāna-Sutta*, DN 22, als geradezu allein zum Heilsziel führend betrachtet, anderenorts sind sie jedoch nur Vorstufen zu abstrakteren Versenkungen. Sie beginnen mit »Körperbetrachtungen« (p. *kāyānupassanā*): Der Adept sitzt an einem abgeschiedenen Ort und beobachtet zunächst seinen Atemrhythmus, allerdings ohne diesen im yogischen Sinne zu regulieren. Danach betrachtet er Körperhaltungen und -bewegungen. Das wichtigste Ziel dieser Übungen liegt darin, einen einzigen Vorgang, Zustand usw. rein zu registrieren, ohne dabei die üblichen Wertungen, Deutungen und Assoziationen an das Beobachtete heranzutragen.[117] Dann wendet er diese Achtsamkeit den als »unrein« bezeichneten Körperbestandteilen wie Haaren, Haut, inneren Organen und Körperflüssigkeiten zu. Den heutigen Europäer erinnert dies möglicherweise an vergangene Zeiten dunkler Körperfeindlichkeit, und dieser Eindruck mag sich verstärken, wenn der Adept dann seinen Körper als Leiche in verschiedenen Verwesungszuständen visioniert, immer gefolgt von der Einsicht, daß auch sein Körper diesen Weg nehmen wird. Da hier aber das eigentlich neutrale Beobachten einer *Bewertung* des beobachteten Phänomens weicht, hat Schmithausen zu Recht Zweifel an der Authentizität der zuletzt genannten Praktik geäußert.[118]

Den Körperbetrachtungen folgen Übungen, die Achtsamkeit in bezug auf die »Empfindungen« (*vedanā*) wecken. Der Adept bemerkt, ob eine freudige oder leidhafte Empfindung »stattfindet«, ob sie aus dem Innern aufsteigt oder sinnlich ist usw. Die nächste Stufe ist die Konzentration auf den jeweiligen Geisteszustand, ob er durch Lust oder Haß korrumpiert, zerstreut oder gesammelt oder, letztlich, »befreit« ist. Der Fokus der Aufmerksamkeit verschiebt sich also vom Äußeren zum Inneren und richtet sich schließlich auf das Heilsrelevante als das eigentliche Ziel: Dieser »Übergang von Betrachtungsgegenständen, die lediglich zu Übungszwecken gewählt werden, auf solche, die *an sich selbst* von Interesse sind, [...] vollzieht sich endgültig in der letzten Phase der Übung, der ›Konzentration auf die Gegebenheiten‹ [*dhammānupassanā*]«[119]. Dazu gehört unter anderem, daß er den Prozeß des Entstehens, der Anwesenheit und des Vergehens der Persönlichkeitsmomente betrachtet, die Funktionsweise der »Sechs Bereiche« in Erfahrung bringt und zuletzt sogar die »Vier Edlen Wahrheiten« betrachtet und erkennt. Insgesamt läßt sich der Kern dieser Übung als eine grundlegende Schulung des Gewahrseins bezeichnen, bei der es gilt, das unbewußte Beschäftigtsein und das assoziierende Wahrnehmen zurückzunehmen, um das Einfache zu tun (und es überhaupt *sehen* zu lernen): Wer geht, der soll gehen und nicht – gleichzeitig! – essen, reden, lesen ..., also nicht dem alltäglichen »multi-tasking« anheimfallen.

Die vier Dhyāna-Stufen (IV. 3) folgen zumeist auf die Wachsamkeitsübungen. Dem Meditierenden eröffnen sich

»Freude und Lust, [...] im Besitz dieser Freude empfindet er Glück, und wenn er sich behaglich fühlt, gelangt auch sein Geist zur Konzentration. Indem er sich losmacht von allen Sinnengenüssen, [...] erreicht er die mit Gedankenfassen [skt. *vitarka*] und diskursivem Denken [*vicāra*] verbundene glück- und freudenreiche erste Stufe der Versenkung [*dhyāna*], die durch Loslösung gewonnen wird. [...] Dann [...], indem er allem Gedankenfassen und diskursivem Denken ein Ende macht, die [...] zweite Stufe, die Frieden im Innern und Erhebung – und – Zusammenschluß des Geistes bringt und durch Konzentration gewonnen [*samādhija*] wird.«[120]

Auf der dritten Stufe verschwindet zudem das Gefühl der Freude, der Meditierende ist jetzt wachsam und bewußt; auf der vierten stellt sich reine Gleichmütigkeit (skt. *upekṣā*) und Achtsamkeit (*smṛti*) ein. Einige der wahrscheinlich frühen Beschreibungen der Versenkung enden mit der vierten Stufe, deren Effekt, das vollkommen konzentrierte Gewahrsein, als gewissermaßen vorweggenommene Heilsgewißheit verstanden werden kann. Bereits in der zweiten Stufe wird also das »dis-kursive«,

d. h. das »auseinander-laufende« Denken (Entsprechendes heißt »*vi-cāra*«), zurückgelassen. Dieses Denken ist essentiell an Sprache gebunden, so daß z. B. die habituellen Muster der Rede (*vacī-saṃskāra*) mit *vitarka* und *vicāra* gleichgesetzt werden können.[121] In einem anderen Text hört die Sprache (*vāc*) (als das fortwährende Selbstgespräch?) bereits in der ersten Meditationsstufe auf.[122] Können dann aber die in den folgenden Stufen auftretenden, gewissermaßen aus dem kommunikablen Bereich heraustretenden Bewußtseinszustände überhaupt noch »Denken« genannt werden? Ich möchte dies z.T. bejahen, denn erstaunlicherweise berichten viele Texte weiter, daß der in der vierten Stufe vollständig gesammelte Geist sich nicht nur an frühere Leben seiner selbst, also vergangene Wiedergeburten, erinnert, sondern auch die »Vier Edlen Wahrheiten« usw. *erkennt*.[123] Dieses »Denken«, das auch die »formlosen« Dhyāna-Stufen krönt, wird *prajñā* (p. *paññā*) genannt und zumeist mit »intuitiver Weisheit« oder »höherem Wissen« wiedergegeben. Es erkennt die Dinge, wie sie sind: unbeständig, leidhaft und ohne Selbst.[124] Es ist allerdings zu vermuten, daß dieses »höhere Erkennen«, gerade weil es fundamentale Lehraussagen zum Inhalt hat, nicht nur *aus* der Versenkung entspringt, sondern mehr noch als (später hinzugekommene) Vorgabe *für* die Meditation zu verstehen ist.[125] Ganz offensichtlich ist dies auch bei den »10 Betrachtungen« (I. 2) der Fall. Meditationen sind also nicht unmittelbar mit bestimmten ihnen entspringenden Erfahrungen verknüpft, wie auch Passagen des *Brahmajāla-Sutta* zeigen. Dort wird u. a. der Ewigkeitsglaube auf eine (der buddhistischen ähnliche) Meditationserfahrung zurückgeführt, in der der Adept sich ebenfalls an seine früheren Existenzen erinnert, dies aber als Beweis seines unsterblichen Ātmans nimmt.[126]

Die eingangs gestellten Fragen sind also nicht eindeutig beantwortbar. Sicherlich werden durch die meditativen Einübungen sprachlich-diskursive Denkformen, die den Geist stimulieren und präfigurieren, zurückgenommen. In der Stufe IV. 5 wird sogar jede Form von Wahrnehmung (*samjñā*) vollständig abgelegt.[127] Der aus diesen Stufen Zurückkehrende steht allerdings – will er darüber Aussagen treffen – vor der Schwierigkeit, eine geradezu amnestische »Erfahrung« sozusagen »postekstatisch« in Worte zu fassen.[128] Andererseits ist die Wirkung der Meditation nicht auf die Dauer der Versenkung begrenzbar, da das Denken und die Wahrnehmungsformen durch bestimmte Meditationsformen ja *strukturell* verändert werden. Dies hat auch eine Studie ergeben, bei der die Praktizierenden verschiedener Meditationsstufen mittels des Rorschach-Tests auf Veränderungen ihrer emotionalen und kognitiven Deutungsmuster hin untersucht wurden.[129] Der Test ergab, daß Fortgeschrittene sehr wenige Assoziationen zu den vorgelegten Tintenklecksbildern äußerten, während weit Fortgeschrittene ungewöhnlich reiche Deutungen, allerdings ohne emotionale Beteiligung, vortrugen. Auf das Vorhandensein von Achtsamkeit ohne Beteiligung deuten übrigens auch EEG-Messungen an japanischen Zen-Adepten, diesmal während der Meditation, hin. Während in der Kontrollgruppe ein rhythmisches Klicken nach kurzer Zeit fast nicht mehr wahrgenommen wurde, d.h., ihre EEG-Reaktionen auf das Klicken signifikant abnahmen, zeigten die Hirnstromableitungen der Meditierenden auch nach langer Zeit dieselbe Reaktion auf – bzw. Achtsamkeit für – das Phänomen.[130]

Konzentrations- und Gewahrseinsübungen verändern also Bewußtseinsstrukturen und ziehen damit auch Transformationen des Denkens außerhalb der Praxis nach sich, was sich in den philosophischen Theorien niederschlägt.[131] Andererseits bilden Lehrinhalte den Ausgangspunkt einiger Praktiken, die damit der Einübung und Stabilisierung (um nicht zu sagen: der Bewahrheitung) bestimmter theoretischer Sichtweisen dienen sollen.

Nutzlose Fragen: Buddhas Schweigen zur Metaphysik

Das Schweigen auf bestimmte spekulative Fragen ist oftmals als charakteristischer Ausdruck der buddhistischen Haltung angesehen worden. Dennoch hat sich hier ein Freiraum für Deutungen dafür gebildet, was Buddha wohl durch sein Schweigen zurückgehalten hat. In diesen Freiraum tritt allerdings oftmals das, was für den jeweiligen Interpreten der wichtigste Zug der buddhistischen Lehre ist.

Die Mahāyāna-Tradition hat Buddhas Schweigen als Ausdruck seines didaktischen Vermögens genommen, seine Lehre dem geistigen Stand seiner Zuhörer anzupassen, wie dies ja an dem Schweigen auf Vatsagottas Frage nach dem Ich deutlich geworden ist. Aus ihren eigenen Erfahrungen des Erwachens heraus konnten ihre Vertreter dann über das Schweigen des Buddha zu bestimmten Fragen hinausgehen und diese Neuerungen dennoch als Ausdruck der (verschwiegenen) Lehre sehen.

Zu den von Buddha genannten »Fragen, die man nicht beantworten sollte« (p. *avyākatā pañhā*), zählen üblicherweise[132]:

1. Ist die Welt ewig, nicht ewig, sowohl ewig wie nicht ewig oder weder ewig noch nicht ewig?
2. Ist die Welt unendlich (ausgedehnt) oder nicht, oder beides, oder keines von beiden?
3. Existiert der Tathāgata (d. h. Buddha bzw. ein Erlöster[133]) nach dem Tod oder nicht, oder beides, oder keines von beiden?
4. Sind die Seele bzw. das Lebensprinzip (*jīva*) und der Körper (*sarīra*) identisch, oder ist die Seele eines und der Körper ein anderes?

Diese Fragen können insofern als metaphysisch bezeichnet werden, als sie das Wesen der Welt und des Ich letztgültig feststellen wollen. Der wahren Erkenntnis (etwa der Seele) entspricht dann die Gegenwart des Erkannten (z. B. der Seele).[134] Die ersten drei Fragen erschöpfen alle theoretisch möglichen Alternativen in einem vierfältigen Schema, dem »Tetralemma« (skt. *catuṣkoṭi*) der späteren Tradition (vgl. u.), wobei T.R.V. Murti zu Recht auf die Ähnlichkeit mit den Antinomien von Kant hingewiesen hat.[135]

Wie begründet aber Buddha sein Schweigen? Der wohl bedeutsamste Aspekt ist der, daß die Beantwortung metaphysischer Fragen zu allem führt – zu Theorien, Glaubenssätzen, positiven Emotionen –, nicht aber dazu, daß die Grundgegebenheiten der menschlichen Existenz wie Leiden und Tod verändert werden. Antworten auf metaphysische Fragen können nicht heilsrelevant sein, da sie nie definitiv zu Ende gebracht werden (können), wie das bekannte Giftpfeil-Gleichnis verdeutlicht:

Derjenige, so führt Buddha aus, der auf diese Fragen eine Antwort sucht, gleiche dem von einem Giftpfeil Getroffenen, der sich den Pfeil nicht eher entfernen lassen will, bevor er nicht weiß, wer der Schütze ist, welcher Sippe er angehört, welche Art des Bogens er verwendet hat usw. Ebenso wie dieser würde auch jener sterben, bevor er zu letztgültigen Antworten käme. Deshalb sagt Buddha schließlich über die nicht mitgeteilten Antworten: »Und warum ist dies [...] von mir nicht mitgeteilt worden? Weil eben dies [...] nicht mit dem Heil verknüpft ist, weil es nicht zu den Grundlagen des heiligen Wandels gehört; es führt nicht hin zum Gleichmut, zur Leidenschaftslosigkeit, [...] zum Frieden, zur rechten Einsicht, zum Erwachen, zum Nirvāṇa. Daher ist dies von mir nicht mitgeteilt worden.«[136]

In einer anderen Rede wird berichtet, daß sich Anhänger verschiedener Lehren über eben jene Fragen streiten. Daraufhin verwendet Buddha das schöne Gleichnis der von Geburt an Blinden[137], denen ein Elefant gezeigt wird. Jene von ihnen, die nur die Stoßzähne berühren, sagen nun, ein Elefant sei wie eine Pflugschar; jene, die das Schwanzende berühren, meinen, ein Elefant sei einem Besen gleich usw. Abschließend heißt es: »Einige Asketen und Brahmanen hängen massiv an ihren eigenen Ansichten: Jene Menschen, die nur eine Seite der Dinge sehen, beteiligen sich an Wortkämpfen und Disputen.« [138] Die eingeschränkte Perspektive der theoretischen Ansichten ist diesem Gleichnis zufolge der Grund, sich die anderen Sichtweisen nicht aneignen zu können. Die Vertreter theoretischer Ansichten kommen nicht dazu, ihre eigene Sichtweise in Frage zu stellen. Sie gelangen daher nicht zum grundsätzlichen Zweifel an Theorien. Die Praxis jenseits aller Theorien ist daher der Ort, von dem aus Buddha die jeweilige Beantwortung dieser Fragen beobachtet:

»Aber [...] dem Tathāgata ist offenbar: ›Diese Ansichten, so gefaßt und eifrig gepflegt, werden dazu und dazu führen und, was den künftigen Zustand betrifft, solche und solche Konsequenzen haben.‹ Das ist dem Tathāgata offenbar, und auch, was darüber hinausgeht. Aber auf solches Wissen legt er keinen Wert, ein anderes Wissen trägt er in seinem Innern, das Wissen von der Erlösung [...]. Das sind jene schwer zu ergründenden [...] Dinge, die ruhevoll und erhaben sind, bloßem logischen Denken unerreichbar [p. *atakkāvacarā*], [...] die der Tathāgata kraft eigenen Erkennens und Verwirklichens predigt ...« [139]

Auch anderswo werden die »unbeantworteten Fragen« mit den »falschen Ansichten« verbunden. Als falsche Ansicht par exellence erscheint somit die ausschließliche Orientierung an Theorien – J. Pérez-Remón übersetzt *diṭṭhinissaya* treffend mit »reliance on mere theory« – und wird in den Kontext eines nur scheinbaren Haltes gestellt, da Theorien eine »Sache des Durstes«, des »Ergreifens« (*upadāna*) und der illusionären »Vervielfältigung« (*prapañca*) sind. [140] Im obigen Zitat wird deutlich, daß das Schweigen vielfältige Aspekte aufweist: Die Kritik an der Struktur theoretischer Ansichten erscheint sozusagen als Kehrseite der Haltung, deren andere Seite das Wissen um etwas auszeichnet, das, da unaussprechbar und außerhalb des logischen Denkens (*tarka*), nur durch das Schweigen »ausgedrückt« werden kann.[141]

Einzig herausgenommen aus dem Vielfältigen, dem Ausdrückbaren und dem »Zeichenhaften« ist der Erlöste, der sich im »Zeichenlosen« schlechthin befindet – dem Nirvāna.

Nirvāna

Das *nirvāṇa* (p. *nibbāna*), das »Erlöschen«, ist das im Westen wohl bekannteste Moment der buddhistischen Lehre. Die Frage, ob das Nirvāna einen positiven oder negativen Zustand meint, hat in Europa schon früh zu einer emotionalen Debatte geführt.[142] Während z.B. Schopenhauer darin begeistert den Gedanken der Befreiung von einer beschränkten Individualität ausgedrückt sah[143], blieb Hegel auf dem Boden (Europas) und bemerkt: »Diese Stille, Leere ist das Absolute. Der Mensch hat aus sich Nichts zu machen.«[144]

In den frühbuddhistischen Texten ist das Nirvāna kein Gegenstand längerer Erörterungen, gehört es doch in den Bereich der unbeantwortbaren metaphysischen Fragen.[145] Daraus ist eher auf den »negativen« Charakter des Nirvāna geschlossen worden, den Buddha, wie Oldenberg meint, zurückgehalten habe: »Warum dem Schwachen die schneidende Schärfe der Erkenntnis entgegenstellen: der Siegespreis des Erlösten ist das Nichts?«[146] Diese Vermutung legt sich aber nur nahe, wenn das Begriffsinstrumentarium Psychisches/Physisches, Sein/Nichts, Leben/Tod, Diesseits/Jenseits usw. ungeprüft an die Texte herangetragen wird. Das Nirvāna entzieht sich aber diesen Kategorien.

Sicher ist zumindest, daß das Nirvāna der einzig erstrebte Zustand ist und daß der, der ihn erlangt oder erreicht hat, »Arhat«,

»Ehrwürdiger«, genannt wird. Das Wort »Nirvāna« benennt zwar das Erlöschen einer Kerzenflamme oder eines Feuers, ist aber als Metapher im europäischen Kontext irreführend. In der altindischen Elementenlehre findet sich, wie Frauwallner erwähnt, der Gedanke, daß das verlöschende Feuer in den »Äther« zurückgeht.[147] Nach dieser Vorstellung werden vermutlich alle Elemente als zugleich anwesend gesehen, d. h., sie sind entweder aktual sichtbar und erkennbar oder eben nur potentiell vorhanden. Das Verlöschen läßt sich somit kohärent als Unsichtbar-Werden des Feuers, als Rückgang in das rein potentiell und unstrukturiert Vorhandene erklären, ein Gedanke, der wahrscheinlich in die Vorstellung von dem Zustand des Erlösten auch in frühbuddhistischer Zeit hineinspielt.

Bemerkenswert sind die Verwendungen des Wortes »Nirvāna«: Man kann es erlangen, (er-)kennen, sehen, sogar hervorbringen, oder sich daran bzw. darin erfreuen; es ist das Freisein von erneuter Geburt, höchstes Glück. Deutliche Hinweise dafür, daß es als ein – zumeist psychischer – Zustand gesehen wird. Das entsprechende Verb *nibbā(ya)ti* müßte also mit »nirvānisiert« wiedergegeben werden.[148] Zu diesem Zustand läßt sich ein Weg finden, der begehbar ist: »Ich ging zum/ins Nirvāna« (p. *nibbānaṃ ajjhagamaṃ*).[149] Dieser letzte Punkt ist von großer Wichtigkeit, denn eine ähnliche Formulierung findet sich in der Predigt Buddhas, die er als erste nach seinem Erwachen gehalten haben soll. Der Buddha begrüßt dort die Asketen, die später seine Jünger werden, mit den Worten: »Ein Arhat ist der Tathāgata jetzt, Bhikkus [Mönche], völlig erwacht. Hört zu, Bhikkus, das Todlose [*amata*] ist erlangt [*adhigata*]. Ich belehre, ich verkünde den Dhamma. Wenn ihr der Belehrung entsprechend handelt, wird es nicht lange dauern, bis ihr jenes höchste Ziel des heiligen Wandels [...] schon in diesem Leben, es selbst gewahr werdend, es verwirklichend, erwerben werdet.«[150]

Das »Todlose« schon in diesem Leben zu erreichen ist sicherlich ein positiver Ausdruck für das Nirvāna. Vetter kommt in seiner Untersuchung dieses Textes »zu der Annahme, daß der Ausspruch ›*amata* ist erlangt‹ [bedeutet], daß der Tod nicht mehr gefürchtet wird, weder hier noch in einem Jenseits; und auch, daß aktuelle Todesangst ausgeschlossen ist«[151].

Der Kontext dieser Rede legt nahe, daß hier die Erfahrung des im Erwachen gefundenen Weges (aus dem Leiden) direkt benannt wird, und zwar keineswegs als Nichts, sondern vielmehr als Erfahrung vorweggenommener Todlosigkeit. Was begründet diese optimistische Gewißheit? Das Todlose, sagt ein anderer Text, ist erreicht, wenn die psychische Einflußnahme der »Begierde« (*rāga*), des »Hasses« (*dosa*) und der »Illusion« (*moha*), also der drei wiedergeburtsverursachenden Faktoren, versiegt ist.[152] Die Gewißheit, das Todlose erreicht zu haben, folgt dem Wissen, sämtliche Faktoren ausgelöscht zu haben, die nach dem Tod eine erneute Geburt auslösen könnten. Da dieser Prozeß also ebenso wie das Versiegen der negativen »Einströmungen« (*āsava*) und das »Aufhören des (illusionären) Bewußtseins« (*viññāṇassa nirodho*, Sn 734) dem »Nirvānisierten« bewußt wird, kommt R. Johansson zu dem Schluß, daß das Nirvāna maßgeblich als Transformation des Bewußtseinszustandes verstanden werden sollte, genauer: als das Aufhören des »Bewußtseinsstromes« im gereinigten »Geist« (*citta*), und dadurch: als Umgestaltung der gesamten Persönlichkeit.

Sollte diese Einschätzung zutreffen, müßte sie sich an den bekanntesten, wenn auch sicher nicht frühesten Passagen zum Nirvāna bewähren, die sich im *Udāna*[153] befinden. Zusammengefaßt, heißt es dort: Es gibt »diese Sphäre«/»diesen Bereich« (*tad āyatana*), wo es weder Erde noch Feuer, noch Wasser, noch Äther, und auch keine der vier formlosen (Meditations-)Sphären (*āyatana*, vgl. IV. 4) gibt, wo es weder diese Welt noch eine andere gibt, wo kein Kommen und Gehen, Entstehen usw. ist. Da es dieses Nicht-Geborene, Ungewordene, Nicht-Hergestellte, Nicht-Zusammengesetzte (skt. *asaṃskṛta*) gibt, existiert auch ein Weg, der aus dem Gewordenen, Hergestellten usw. herausführt – begehbar durch den, der »ungestützt« (frei von Begierde, Anhaften etc.) zur Ruhe kommt: Dann hört das Kommen-und-Gehen auf, woraufhin es auch das Vergehen-und-Wiederentstehen nicht mehr gibt. Das Nirvāna ist nichts »hier« oder »dort« oder »zwischen diesen beiden«: Es ist das Ende des Leidens.

In dieser Passage wird ein Gegensatzpaar beschrieben: diese Welt mit ihren Eigenschaften und Nirvāna. Das hat die Deutung gestützt, im Nirvāna einen *Ort* ohne Leiden zu sehen. Das Wort *āyatana* läßt sich auch als »Bereich« übersetzen, ist aber im obigen Kontext, wo es auch die Sphären der Versenkung benennt, eher als »Sphäre« zu sehen. Auch wenn dieser Zustand manchmal wie eine räumliche Vorstellung beschrieben wird, lassen sich die Beschreibungen zumeist doch auch auf den innerpsychischen Raum, den der transformierte Geist erfährt, anwenden. Dies wird zudem dem Faktum gerecht, daß alle weltbezogenen Kategorien negiert werden. Das Nirvāna ist, von der Welt aus gesehen, nicht einfach »transzendent«. Es kann mit weltbezogenen Worten letztlich nur paradox ausgedrückt werden, etwa als die Verwandlung des Weltlichen im Geist, der sich in der Welt befindet. Oder da das Nirvāna ja die immer schon bereitliegende Möglichkeit ist, ließe sich die Aufgabe mit Nietzsche so formulieren: »Wie man wird, was man ist«, und die Lösung mit J. Lacan: »Ich bin nicht, da wo ich das Spielzeug meines Denkens bin; ich denke an das, was ich bin, dort wo ich nicht denke zu denken.«[154]

Die paradoxen Wendungen, mit welchen der Erwachte das Nirvāna andeutet, zeigen, daß sowohl der »Nirvānisierte« nicht mehr zu beobachten ist (vgl. Sn 1076) als auch daß er selbst nicht mehr beobachtet. Vielmehr »nichtbeobachtet« er die Welt –

»darin eingeschlossen ist sogar das Nichtbeobachten des Beobachtens«[155]. Für diese treffenden Bemerkungen (zum Zen) von P. Fuchs und N. Luhmann ließen sich viele Textbelege anführen, in denen bewußt auch auf das Nicht-Begehren, das Nicht-erlangen-Wollen des Nirvāna (und zwar als Bedingung für das Nirvāna!) hingewiesen wird. Eines der Zeugnisse für diese Grundhaltung sei zuletzt angeführt: »[...] er kennt Nirvāna als Nirvāna; weil er Nirvāna als Nirvāna kennt, denkt er nicht an das Nirvāna; er denkt nicht an sich selbst im Nirvāna; [...] er erfreut sich nicht am Nirvāna. Warum dies? Ich sage, weil es von ihm tatsächlich verstanden worden ist.«[156]

3. Entwicklungslinien des buddhistischen Denkens

Schulen, Schismen und Systeme

Die Zeit kurz nach Buddhas Tod, d.h. seinem Eingang ins *parinirvāṇa*, scheint nicht so sehr von theoretischen Auseinandersetzungen über die philosophischen Lehrinhalte geprägt worden zu sein. Dies liegt sicher an der strikten Beschränkung Buddhas auf den unspekulativ vorgetragenen Heilsweg, bekräftigt von der Mahnung des Sterbenden, ihn nach seinem Tod nicht zu vergöttern, aber auch keine andere zentrale Autorität über die Mönchsgemeinde zu setzen: »So sucht denn, Ānanda, hienieden Insel und Zuflucht in euch selbst, nirgends sonst, und sucht in der Lehre Insel und Zuflucht, nirgends sonst!«[157] Vielmehr werden die ethischen Anweisungen und Lebensformen sowie der Status des Arhats, des angestrebten Ideals des »Würdigen«, der nicht nochmals wiedergeboren wird, zu ersten Streitpunkten der schnell anwachsenden Gemeinde. Die Dokumente zu der ersten mündlichen Überlieferungszeit der Buddha-Lehre sind allerdings spärlich und schildern die Ereignisse zumeist aus der Sicht der jeweiligen Schule. Wahrscheinlich hat es bereits direkt im Anschluß an Buddhas Tod eine Versammlung gegeben, in der Regeln zur Ordensdisziplin festgelegt worden sind. Eine zweite Versammlung fand etwa ein Jahrhundert später in Vaiśālī statt, wo es um zehn Neuerungen ging, die eine Gemeinde von Mönchen eingeführt hatte. Diese beziehen sich auf Erleichterungen des mönchischen Lebens, z.B. die Erlaubnis, außer Lebensmittelspenden auch Geld anzunehmen. Auf einem Konzil werden diese Reformen abgelehnt – Quellen der südlichen Tradition sprechen sogar von einer ersten Spaltung des Ordens.[158] Bei einem dritten Konzil in Pāṭaliputra kommt es dann zum Schisma anläßlich der »Fünf Thesen zum Arhat«. Diese Thesen nivellieren das Arhat-Ideal, indem gesagt wird, ein solcher könne noch erotischen Träumen unterliegen, zweifeln, unwissend sein, belehrt werden und auf dem Versenkungsweg weiter fortschreiten. Möglicherweise sollte damit die Idealvorstellung an die Bedürfnisse und Fähigkeiten der Laienbewegung, die sich gebildet hatte, angenähert werden. Es kommt jedenfalls zur Spaltung, wobei diejenigen, die diese Reformen einführen, als *Mahāsāṃghika*, »Angehörige der Großgemeinde«, und alle jene, welche die Neuerungen ablehnen, als *Sthavira*, »die (Vertreter des) Älteren«, bezeichnet werden. Schon bald sprechen Berichte von nicht weniger als achtzehn größeren Schulen. Aus den Sthaviras entwickelten sich im weiteren die heutzutage u. a. in Sri Lanka, Birma, Laos, Thailand und Kambodscha praktizierten Theravāda-Formen[159] wie auch die Schule des Sarvāstivāda. Die Mahāsāṃghikas haben sich hingegen weiterhin »progressiv« gezeigt, so daß von ihnen – wenn auch nicht lückenlos nachweisbar – die Anstöße zum Mahāyāna ausgegangen sind.

Die Anfänge größerer Schulentwicklungen fallen in die Zeit des indischen Großkönigs Aśoka (3. Jh. v.u.Z.), der, den Buddhisten wohlgesonnen, die schnelle Ausbreitung des Buddhismus ermöglichte. Da auch in dieser Zeit keine zentrale Autorität die buddhistischen Lehrentwicklungen leitete oder überwachte, sollten die einzelnen Schulen nicht, wie dies oft getan wird, mit den Kategorien orthodox/heterodox bewertet werden, da ein Maßstab, an dem die Abweichung einer »Sekte« abgelesen werden könnte, nicht existiert. Abgesehen davon, daß der Pāli-Kanon ebenfalls die Sicht einer *bestimmten* Tradition enthält, sprechen auch immanente Gründe wie der Stellenwert der eigenen Erfahrung gegen eine »buddhistische Orthodoxie«. Zudem wird jede religiöse Bewegung im Lauf ihrer Entwicklung mit sich ändernden gesellschaftlichen Bedingungen konfrontiert, auf die sie neu reagieren muß, wenn die traditionellen Handlungs- und Deutungsmuster versagen.

Die Versuche der einzelnen Schulen, die buddhistische Lehre zu vereinheitlichen und begrifflich zu durchdringen, heben mit der Abfassung von »Matrizen« (skt. *mātṛkā*) an, d.h. Listen, in denen die universalen Qualitäten bzw. die »Gegebenheiten« (*dharmā*) geordnet werden sollen. So wird z.B. grundlegend zwischen den Gegebenheiten, die »zusammengesetzt« oder »bedingt« (*saṃskṛta*), und denen, die »unbedingt« (*asaṃskṛta*) sind, unterschieden. Die bedingten Gegebenheiten werden dann weiter differenziert, etwa in reine/unreine, sichtbare/unsichtbare, formlose/formhafte usw., bis schließlich jede ihren Platz in diesem Begriffsbaum hat. Die Gruppe des Unbedingten hingegen hat nur wenige Elemente, bei den Theravādins sogar nur eins: das Nirvāna. Der Welt steht also dieses Unbedingte als etwas Ungeschaffenes, das von nichts Innerweltlichem abhängig ist, gegenüber.

Auf diesen Listen gründen die Abhidharma-Texte, mit denen eine philosophische Scholastik im Buddhismus beginnt. Einige jener Texte der südlichen Schule, wie etwa das *Dhammasaṅgani* (»Aufzählung der Gegebenheiten«), finden Aufnahme in dem letzten der »drei Körbe« des Pāli-Kanons, dem *Abhidharmapiṭaka*, andere, wie etwa die berühmten »Fragen des Milinda«, allerdings nicht.

Abhidharma, »das über den *dharma* Hinausgehende«, wird nun zum Oberbegriff der erklärenden Literatur der verschiedenen Schulen, die gewissermaßen als Metalehre das in den Lehrreden »unvollständig Erörterte« systematisiert.[160] Anhand der

Einteilung des *Abhidharmakośa*[161] von Vasubandhu, eines berühmten späten Abhidharma-Werkes, das bereits mehrere Schulmeinungen (Sarvāstivāda und Sautrāntika) zu vereinigen sucht, läßt sich eine Übersicht der diskutierten Inhalte gewinnen. Abschnitt I erläutert dort die Grundeigenschaften der »Elemente« (*dhātu*), also die Ontologie der Erscheinungswelt im weitesten Sinne. Abschnitt II behandelt die Gegebenheiten in bezug auf ihre Verknüpfung mit den Sinnesvermögen und anderen mentalen Zuständen, aber auch die kausalen Beziehungen (*hetu-pratyaya*) zwischen ihnen. In Abschnitt III kommt die Kosmologie des Buddhismus zur Sprache: die Zeitalterlehre und die »drei Welten«, d. h. die begierdehafte, die formhafte und die formlose Welt, sowie ihre jeweiligen Bewohner. Dort wird auch das Entstehen in Abhängigkeit erläutert, das inzwischen den Rang des Grundgesetzes der belebten Welt erhalten hat. Abschnitt IV thematisiert hauptsächlich das karmische Geschehen, das nur durch »gewollt getane« (*cetanākṛta*) körperhafte, sprachliche oder geistige Taten verursacht wird. Gegenmittel ist die Vervollkommnung verschiedener Tugenden – die des »Einsteigers« bis hin zu jenen des Arhat. In Abschnitt V finden sich Klassifikationen der »Neigungen« oder »Bedrängungen« (*anuśaya*), d. h. der negativen Konsequenzen bestimmter Zustände wie z. B. der Begierde. Abschnitt VI behandelt die Wege zur Befreiung: den Weg des Sehens der »Edlen Wahrheiten« und den Weg der Meditation wie auch den Status jener Menschen, die diese Wege eingeschlagen haben. Der Abschnitt VII stellt verschiedene Wissensarten (*-jñāna*) und Fähigkeiten eines Buddhas dar; VIII schließlich klassifiziert die Versenkungstechniken und erwähnt zuletzt gewissermaßen geschichtliche Aspekte des buddhistischen Glaubens, der »guten Lehre« (*saddharma*). Ein Anhang, IX, behandelt ausführlich die verschiedenen Lehren der »Selbstlosigkeit« und weist jene Theorie, daß es doch eine – wenn auch unausdrückbare – »Person« (*pudgala*) gebe, zurück.

Im weiteren können nur wenige Momente des buddhistischen Denkens jener Zeit erwähnt werden, denn die Zeit der Schulbildungen fällt mit der Ausbreitung des Buddhismus im gesamtindischen Raum zusammen, in deren Folge sich die Formen vervielfältigen. Der Übersichtlichkeit halber folgt die Darstellung hier nicht der historischen Entwicklung. Dann müßte z.B. berücksichtigt werden, daß der Höhepunkt des Sarvāstivāda weit nach dem Beginn des Mahāyāna erreicht wird. Zwei der wichtigen Streitpunkte der frühen Schulen sollen kurz angesprochen werden, da sie besonders für die theoretische Begründung des Erlösungsweges und -zieles von großer Relevanz waren: die Frage nach dem Ich und die nach Zeit und Sein.

»Wer« wird befreit? – und andere Fragen

Die Frage, »wer« denn nun erlöst wird, wurde vor dem Hintergrund des bewußten Schweigens, in welches sich Buddha angesichts dieses Problems gehüllt hatte, zu einem Punkt heftiger Auseinandersetzungen. Da die Befreiung letztlich im Ausstieg aus dem Wiedergeburtszyklus besteht, wurde die Frage, »wer« (oder »was«) wiedergeboren wird, immer wieder neu erörtert. Grob gefaßt, gibt es zwei Lehrmeinungen: die »Auffassung des Personseins« (*pudgalavāda*) und die einer konsequenten »Ichlosigkeit« (*anātmavāda*), welche letztendlich den Sieg davongetragen hat.

Beispiele des rückhaltlos vorgetragenen Gedankens der Ichlosigkeit sind, wie ausgeführt, bereits in den späten Partien des Pāli-Kanons enthalten. Ein besonders lebendiges Zeugnis findet sich indes in den frühen Teilen der »Fragen des Milinda/Menandros«

(*Milindapañhā*, ca. 1. Jh. v.u.Z.), wo der Mönch Nāgasena mit dem indo-griechischen König Menandros diskutiert. Derjenige, der zur Erkenntnis gelangt, sagt der erstere dort, werde zwar nicht allwissend, aber in dem Faktum der »Ichlosigkeit des Daseins: darin kann er nicht mehr ungewiß sein«[162]. Auf die Frage des Königs, ob jemand als der wiedergeboren wird, der er im Leben war, antwortet Nāgasena, man werde weder als derselbe noch als ein anderer wiedergeboren. Denn da ein Zustand gewissermaßen den nächsten nur »anstößt«, der Anstoß selbst aber nur als Wirkung fortbesteht, bleibt nichts bestehen, weil der ursprüngliche Zustand in demselben Moment vergeht, in dem der folgende entsteht. Die »Kontinuität der Daseinsvorgänge« (p. *dhamma-santati*) erweckt dabei den Anschein, als gäbe es eine wirkliche Konstanz, eine Identität hinter den Phänomenen, die sich ins »neue« Leben erhielte. Das nächste Leben erhält aber nur den Anstoß aus dem hiesigen, ohne daß ein individuelles Wesen weiterwandert. Menandros fragt, wie das möglich sei, und Nāgasena antwortet mit einem Gleichnis:

»›Erinnerst du dich vielleicht, o König, daß du als Knabe von deinem Lehrer irgendein Gedicht gelernt hast?‹ ›Gewiß, o Herr.‹ ›Wie nun aber, o König: ist etwa jenes Gedicht von deinem Lehrer zu dir hinübergewandert?‹ ›Nicht doch, o Herr.‹ ›Ebenso auch [...] wird man wiedergeboren, ohne daß dabei irgend etwas hinüberwandert.‹«[163]

Dieses Gleichnis bedient sich mit dem Gedicht bezeichnenderweise eines sprachlichen Gebildes, um zu verdeutlichen, daß das Ich als Substanz eine Konstruktion ist. Schon im ersten Kapitel muß Milinda zugeben, daß ebenso, wie der Begriff »Wagen« nur zur Bezeichnung dient, aber nicht mit der Analyse eines als »Wagen« benannten Gegenstandes gegeben ist, auch der Eigenname »Nāgasena« nicht auf eine wesenhafte Persönlichkeit, die Nāgasena *ist*, verweist.

Ein anderes Argument gegen die Existenz einer rein seelischen Person ist sinnespsychologischer Natur: Wenn es ein inneres Wesen gäbe, so müßte es ohne die Sinnesorgane besser sehen, hören und denken können, da diese ja empirische Hemmnisse seien; mehr noch, es müßte sich laut Nāgasena *entscheiden* können, z. B. mit der Nase Formen zu riechen – und andere Synästhesien mehr. Der König bestätigt, daß ein solches inneres Wesen, quasi die Seele selbst, zu all dem nicht in der Lage ist; woraus schließlich gefolgert wird, daß hier nur ein komplexes Zusammenspiel von abhängig entstehenden Faktoren vorliegt. Alles Wirkliche besteht also aus Gegebenheiten, die nur existent sind, wenn sie ihre (karmische) Wirkung ausspielen, d. h. insbesondere die jetzigen und zukünftigen; hingegen existiert für die Erlösten keine Zeit mehr, da dem abhängig Entstandenen der Grund genommen ist.[164]

Nāgasenas Analyse weist hier eine große Nähe zu einem zentralen Gedankengang der Sarvāstivāda-Schule auf, der sich bereits in ihrem Namen findet: »alles ist« (*sarvaṃ asti*), was bedeutet, daß die Gegebenheiten nicht nur gegenwärtig, sondern in allen drei Zeiten existieren. Im *Vijñānakāya* (»Körper des Bewußtseins«, etwa 200 v.u.Z.) kommt man zu diesem Schluß auf die folgende Weise. Buddha hat von drei »heilswidrigen Wurzeln« (*akuśala mūla*) der menschlichen Psyche gesprochen: der Gier, dem Haß und der Verblendung. Deren karmische Effekte lassen sich erkennen: Vergangene verblendete Zustände wirken sich gegenwärtig aus, was wiederum auch künftig wirken wird. Wenn nun aber jemand verblendet ist, dann kann er nicht zugleich seine Verblendung erkennen, da dies eine Koinzidenz von Verblendung und Erkenntnis wäre. Es müßte also der beobachtete (in diesem Fall: verblendete) Bewußtseinszustand mit dem (unverblendeten) Beobachten desselben zeitgleich sein, was man – in bezug auf den (unteilbaren) »Geist« (*citta*) – für unmöglich erklärt. Da aber der verblendete Geist de facto erkannt werden kann, schließt man, daß der beobachtete Geisteszustand bereits vergangen sein muß. Dennoch muß er als vergangener noch existieren, um überhaupt erkannt werden zu können, und das heißt: Die vergangenen Dharmas existieren ebenso wie die zukünftigen, wenn auch beide in einem anderen Modus als die gegenwärtigen.[165] Eine Schußfolgerung aus dieser neuen Auffassung ist nun folgende: Wenn ein vergangener Bewußtseinszustand direkt erfahrbar ist, so läßt sich durch diese Erkenntnis (trotz korrumpierten Geistes) ein Wissen der »Nichtentstehung« (*anutpāda*) heilswidriger Faktoren gewinnen. Wenn diese Faktoren, die »Bedrängungen« (*anuśaya*), unterdrückt werden können, dann entsteht keine neue, keine »weitere Existenz« (*punarbhava*) mehr.[166] Auch der Umschlag zum Betreten des Heilsweges, des »Einsichtswegs« (*abhisamayavāda*)[167], ist besser faßbar, da der korrumpierende »Anstoß«, den vergangene Zustände gegeben haben, nicht diffus bleibt, sondern weiter analysiert werden kann.

Eine andere Auswirkung dieses Denkens schlägt sich in einer Radikalisierung der Zeitvorstellung nieder: Die Gegenwart ist nur noch ein »Augenblick« (*kṣaṇa*), ein Blitzmoment existenter Gegebenheiten, die sofort vergehen und in »ihren« Vergangenheitsmodus überwechseln.[168] Trotz der trockenen Formulierung der Abhidharma-Texte wird man wohl davon ausgehen können, daß hinter solchen Sätzen eine geradezu dramatische Veränderung der Wirklichkeitserfahrung – nicht zuletzt durch die Vergegenwärtigungstechniken – steht. Andererseits ist der »Realismus« dieser Schule, Gegebenheiten als tatsächlich existent auszugeben, später stark kritisiert worden.

Während von den meisten Schulen die frühen Ansätze zur Nicht-Selbst-Lehre konsequent radikalisiert wurden, gab es auch Schulen, die eine »Person« (*pudgala*) hinter dem Nicht-Selbst annahmen. Die Vātsīputrīya-Sāṃmatīya zogen aus bestimmten

Stellen, wie z. B. jenen des »Sūtra von der Last« (SN III, 25), den Schluß, Buddha habe doch die Existenz einer Person vorausgesetzt. In jenem Sūtra werden die Persönlichkeitsmomente als Last bezeichnet, welche die Person trägt. Durch das Überwinden des Durstes kann die Last abgelegt werden. Daraus folgerten die »Anhänger der Person« (*pudgalavādin*), daß die Person von den Konstituenten zu unterscheiden sei, genauer, daß sie sich nicht in ihnen, aber auch nicht außerhalb von ihnen befinde.[169] Sie sei dennoch der Handelnde, der z. B. die Frucht der Taten ernte oder das Nirvāna erreiche. Von den gegnerischen Schulen genauer auf den Status der Person hin befragt, antworteten sie, daß die Person nicht weiter analysiert werden kann. Sie gehört weder zu dem Bedingten noch zu dem Unbedingten, sondern ist »unausdrückbar« bzw. »unaussprechbar« (*avaktavya*). Diese durchaus vertretbare Sichtweise litt allerdings an dem Mangel, das Verhältnis zwischen der unausdrückbaren Person und der empirischen Welt nicht weiter aufklären zu können. Die anderen Schulen gaben wohl zu, daß Buddha in seinen Reden oft von einer Person gesprochen habe. Sie entwickelten eine philosophische Unterscheidung, die bei solchen Passagen Anwendung fand: Man differenzierte zwischen zwei Wahrheitsebenen. So heißt es in den *Milindapañhā*: »Der Ausdruck ›ich‹ oder ›mein‹ ist eine bloße landläufige Bezeichnung (p. *sammuti*, skt. *samvṛti*), aber ist keine absolute Wahrheit (p. *paramattha*, skt. *paramārtha*).«[170] Diese Unterscheidung scheint schon bald weithin anerkannt gewesen zu sein. An die Stelle eines unausdrückbaren Verhältnisses wurde somit ein Geschehen gesetzt, das innerweltlich zwar »nur der Bezeichnung nach vorhanden« (*prajñaptita*) ist, sich aber, gerade auf der Ebene der Beschreibung, genauer fassen läßt. Da die Schulen, die eine Person annahmen, höchstwahrscheinlich keine andere, d. h. neue *Praxis* anzubieten hatten, konnten sie sich nicht durchsetzen und sind – etwa ab dem 6. Jahrhundert u.Z. – stark zurückgegangen.

Als revolutionäre Erneuerer der frühen Zeit zeigten sich schließlich die Mahāsaṃghikas. Diese hatten sich, wie gesagt, anläßlich der Arhat-Thesen abgespalten und einen anderen Weg eingeschlagen. In ihrem Umfeld bildete sich eine neue Laienfrömmigkeit, deren Einfluß stetig wuchs. Im Gegensatz zu den anderen Schulen entwickelten sie eine Lehre, die den Abstand zwischen den Gläubigen und den Mönchsheiligen (Arhats) verringerte und zugleich den Abstand des historischen Buddha zu einem nunmehr wichtigen Buddhaprinzip vergrößerte. Der historische Buddha wurde in eine Reihe von gewissermaßen als Sprachrohr erscheinenden »Scheinkörpern« eingeordnet, die die »absolute« Lehre verkünden. Im Vorwort eines Vinaya-Werkes, das hauptsächlich eine Buddhabiographie enthält, das *Mahāvastu* (»Große Begebenheiten«), finden sich klare Hinweise zu diesem gewandelten »buddhologischen« Verständnis. Die Buddhas sind vollkommene Wesen, die nichts mit der Welt gemein haben. Alles an ihnen ist »überweltlich« (*lokottara*).[171] Die Lehre ist von den Buddhas in einem einzigen Ausspruch dargelegt worden, wobei die Sūtras einen einheitlichen und »wörtlichen Sinn« (*nītārtha*) haben, der nur den unwissenden Zuhörern als widersprüchlich erscheint.[172]

Indem nun die Essenz der Buddhas, »Körper der Lehre« (*dharmakāya*) genannt, transzendent angesetzt wird, wird der historische Buddha zu einem »Verwandlungskörper« (*nirmāṇakāya*), zu einer magischen Erscheinung eines menschlich wirkenden Körpers, der nicht weiter von Interesse ist, da dieser ja in das »restlose Nirvāna« (*anupadiśeṣa-nirvāṇa*) eingegangen ist. Diesem endgültigen Verlöschen wird also ein Nirvāna »mit Substratrest« (*sopadiśeṣa°*) gegenübergestellt[173], um damit den anzustrebenden und bereits im Leben erreichbaren Geisteszustand zu kennzeichnen. Eine übergeordnete Einheit hinter der weltlichen Vielfalt ließ sich gut mit einem Begriff verbinden, der schon in den kanonischen Schriften anderer Schulen aufgetaucht war, aber nun eine folgenreiche Bedeutungserweiterung erfuhr: der »Leerheit« (*śūnyatā*). In den frühen Texten wurde darunter zumeist ein Zustand konkreter Leere verstanden, der etwa erreicht wird, wenn die Sinnesorgane »entleert« werden. Jetzt wird die Leerheit auf alle innerweltlichen Gegebenheiten ausgedehnt und zu einem positiven Wert umgeformt. Anders gesagt: Wo Leere ist, kann die Lehre der Buddhas Einzug halten.

Viele der genannten Momente sind hier nur kurz zur Sprache gekommen, denn sie finden sich im Mahāyāna-Buddhismus wieder, der im folgenden behandelt wird. Andere Lehren aus der Zeit der frühen Schulentwicklungen sind hingegen überformt oder gar ganz ersetzt worden, so daß sie heute nur noch von historischer Bedeutung sind.

Übergang zum Mahāyāna

Mit dem Mahāyāna entwickelte sich jene Gestalt des Buddhismus, in der er sich weit über die Grenzen des indischen Raumes hinaus ausgebreitet hat. Die neuen Aspekte des Mahāyāna können je für sich genommen gut aus den früheren nachvollzogen werden. Sie haben in ihrer Gesamtheit jedoch dem Buddhismus ein erstaunlich anderes Antlitz verliehen. Das Mahāyāna ist damit nicht eine weitere Schule unter den bis dato bestehenden, sondern eine neue Richtung, die sich wiederum aus einzelnen Schulen zusammensetzt. Der Wendepunkt zum Mahāyāna wird zudem dadurch bestimmt, daß der Buddhismus insgesamt von der mündlichen zur schriftlichen Überlieferung übergeht, wobei das Mahāyāna zum größten Teil das (zunächst hybride) Sanskrit favorisiert. Zugleich entwickelt es um die Abschrift seiner Sūtren einen ausgesprochenen Buchkult.

Alle folgenden Unterkapitel behandeln fast ausschließlich Schulen und Denker des Mahāyāna. Daraus soll nicht der Eindruck entstehen, als seien die frühbuddhistischen Lehren heute weniger aktuell. Als Rechtfertigung für die Ausblendung der gegenwärtigen nicht-mahāyānistischen Lehren sei angeführt, daß der weitaus größte Teil des heutigen Buddhismus dem Mahāyāna angehört, der zudem äußerst komplexe Formen entwickelt hat. Die ersten Hinweise auf das »Große Fahrzeug« (*mahāyāna*), das von seinen Anhängern auch »Bodhisattva-Fahrzeug« (*bodhisattvayāna*) genannt wird, finden sich um das 1. Jahrhundert v.u.Z. Beide Bezeichnungen verweisen auf die zentrale Vorstellung, mit der sich der neue Weg von den früheren unterscheidet. Er wird als »großes Fahrzeug/Floß« bezeichnet, weil er viele zum rettenden Ufer hinüberbringt. Diese Leistung ist maßgeblich auf die neue Sicht der Aufgaben und Tätigkeiten eines Bodhisattva zurückzuführen. Dies spiegelt sich in der Bedeutungsverschiebung des Begriffes »Bodhisattva« wider:[174] Er bezeichnete im frühen Buddhismus nur den bzw. die Buddhas, die noch nicht erwacht sind, wie z. B. den jugendlichen historischen Buddha, der noch »dem Erwachen anhängt« und es »verwirklichen kann« (p. *bodhisatta*). Der Bodhisattva ist jetzt das revolutionäre Ideal der Mönche *und* Laien; es geht darum, nicht (nur) auf die eigene Erlösung hinzuwirken, sondern sich auch um das spirituelle Wohl der anderen Wesen hingebungsvoll zu bemühen. Mit dem unendlichen »Mitleid« (*karuṇā*) und der »mitfühlenden Liebe« (*maitrī*) des Bodhisattva kommt ein altruistischer Zug in den Buddhismus, der – aus Sicht der Mahāyāna-Adepten – das Arhat-Ideal als höchstes Ziel ablöst, das nun als geradezu egoistisches Ziel der alten Schulen, des sog. »Hīnayāna«, des »Kleinen Fahrzeugs«, betrachtet wird. Das »Kleine Fahrzeug« böte nur wenigen Platz, heißt es jetzt, da dort der einzelne nur nach seiner eigenen Erlösung strebe und diese zumeist erst nach einer unermeßlichen Zeit erreiche.

Der enorme Anspruch des Bodhisattva besteht darin, daß er, um anderen helfen zu können, im Samsāra, dem Geburtenkreislauf, verbleibt. Er zögert seine eigene Erlösung weit hinaus und opfert sie sogar fast vollständig auf, wie ein später aufkommendes Gelübde von ihm verlangt, da er nicht ins Nirvāna eingehen kann, solange es noch leidende Wesen in der Welt gibt. Damit geht der Gedanke einher, daß der Bodhisattva seine erworbenen »Verdienste« (*puṇya*), die sonst seinem Erlösungsweg zugute kämen, auf andere in einem »Umwidmungsakt« (*pariṇamanā*) überträgt.[175] Allerdings muß die Lebensform des Bodhisattva vor dem Hintergrund des aufgehobenen Gegensatzes zwischen Saṃsāra und Nirvāna gesehen werden (s. u.). Üblicherweise nennen die Texte sechs oder zehn Tugenden bzw. »Vollkommenheiten« (*pāramitā*), die der Bodhisattva einüben muß:

1. *dāna-pāramitā:* »(Vollkommenheit der) Hingabe«, »Freigebigkeit«;
2. *śīla-°:* »Sittlichkeit«;
3. *kṣānti-°:* »Sanftmut«;
4. *vīrya-°:* »Stärke«, »Standhaftigkeit«;
5. *dhyāna-°:* »Meditation«, »Versenkung«;
6. *prajñā-°:* »(nicht-duale) Erkenntnis«, »Weisheit«.
7. *upayakauśalya-°:* »Geschick der (gewählten) Mittel (zum Ziel)«;
8. *praṇidhāna-°:* »Gelübde«; »Vergewisserung«;
9. *bala-°:* »Kraft«;
10. *jñāna-°:* »Wissen«.[176]

Innovativ zeigt sich das Mahāyāna auch im Bereich des Denkens. Zu den in den folgenden Abschnitten ausgeführten Neuerungen gehören maßgeblich: 1. die mystische Erfahrung einer allumgreifenden Totalität, 2. die Erfahrung der »Leerheit« (*śūnyatā*), existentiell gesehen die Grundlage zur Erweckung des sich transformierenden Geistes, 3. die Abweisung begriffsrealistischer und ontologischer Klassifikationen, wie sie die frühen Schulen entwickelt haben, 4. die unbefangene Einführung von Lehren nicht-buddhistischer Provenienz, z.B. der Lehre, daß die Erscheinungswelt eine »Illusion« (*māyā*) sei, schließlich 5. die Umdeutung bestimmter frühbuddhistischer Leitbegriffe wie die des Samsāra/Nirvāna, der Reinheit/Unreinheit und anderer mehr.

Prägend für das Erscheinungsbild des Mahāyāna wurde zudem, daß die ikonoklastischen Tendenzen bzw. die antiästhetische Haltung der frühen Buddhisten zurückgingen. Durch die obengenannten Charakteristika beflügelt, konnte man nun einen wahren Kosmos an Bildern, Skulpturen und anderen Ausdrucksformen der (erscheinenden) religiösen Welt schaffen. Es bildete sich ein Kult um die Bodhisattva-Gestalten heraus, die sogar von volksreligiösen Bewegungen zu Gottheiten hypostasiert wurden.

Viele dieser Neuerungen sind von Buddhismuskundlern aus verständlichen Gründen als derart inkongruent mit frühbuddhistischen Auffassungen angesehen worden, daß sie hierin eine Remythisierung und Verflachung, kurz gefaßt, einen Verfallsprozeß zutage treten sahen. Nach S. Schayer wurde diese Einschätzung allerdings vor dem Hintergrund getroffen, daß das Postulat eines ursprünglichen Christentums und die Methode der historisch-kritischen Exegese zur Herauskristallisierung desselben unbedacht auf die Geschichte des Buddhismus übertragen worden ist.[177] Jedoch stellte sich das Problem der Rechtfertigung dieser neuen Lehren auch dem Mahāyāna selbst. Die Verfasser ließen nämlich in ihren Schriften neben Buddha auch einige seiner Jünger, etwa Śariputra und Subhūti, die als direkte »Hörer« (*śrāvaka*) besonders autorisiert waren, die innovativen Ansichten darlegen. Es mußte also geklärt werden, wie die Verfasser (und auch deren Protagonisten) zu den neuen Lehren bzw. ihren besonderen »Inspirationen« kamen, und zum anderen, warum diese Lehren nicht in den überlieferten Reden verkündet worden waren. Dazu brachte man als Argument die Beobachtung ins Spiel, daß der historische Buddha seine Lehren didaktisch ausgefeilt und der jeweiligen Zuhörerschaft entsprechend dargelegt hatte. Diese Fähigkeit, die »Geschicklichkeit der [eingesetzten] Mittel« (*upāyakauśalya*), wurde jetzt nicht nur auf einzelne Passagen, deren Sinn interpretationsbedürftig schien, sondern auf das ganze frühe Schriftgut als solches angewandt. Mit den ersten, vorläufigen Unterweisungen seien die Hörer also nur auf den Weg gebracht worden. Den Verfassern der mahāyānistischen Sūtras sei aber die volle Bedeutung »offenbart« worden. Das bekannte Gleichnis von dem brennenden Haus aus dem »Lotos-Sūtra« (*Saddharmapuṇḍarīka-Sūtra*) zeigt, wie das entfaltete Mahāyāna (um 200 bis 400 u.Z.) diese Methode versteht. Dort sieht ein Vater, daß in dem Haus, in dem er und seine Söhne sich befinden, ein Feuer ausgebrochen ist:

»An jeder Seite bricht plötzlich gleichzeitig ein Feuer aus und greift auf das ganze Haus über. [...] Er überlegt: ›Obwohl ich selbst aus dem Tor dieses brenndenden (Gebäudes) unversehrt hinauskommen kann, sind doch alle Söhne in dem brennenden Haus vergnügt in ihr Spiel vertieft, begreifen und merken nichts, erschrecken und fürchten sich nicht. [...]‹ [Er ruft:] ›Kommt schnell heraus!‹ Obwohl der Vater in seinem starken Mitgefühl mit gütigen Worten zu ihnen spricht und warnt, so glauben die Kinder, vergnügt in ihr hübsches Spiel vertieft, nichts davon und nehmen (die Worte) nicht auf. [...] Auch wissen sie nicht, was mit ›Feuer‹ gemeint ist oder was mit ›Haus‹ und wovon er meint, sie würden es verlieren.

[...] Da überlegt sich der Älteste dies: ›[...] Ich werde es jetzt mit einem geschickten Mittel erreichen, daß meine Söhne diesem Unheil entrinnen.‹

Da der Vater weiß, welche verschiedenen kostbaren und seltenen Dinge bei seinen Söhnen an der Spitze stehen und welche sie jeweils gerne haben [...], so ruft er ihnen zu: ›Die Dinge, die ihr so gerne habt, [...] stehen jetzt außerhalb des Tores, und ihr könnt mit ihnen spielen. Ihr sollt nur schnell aus diesem brennenden Haus herauskommen. Ich will jedem das, was er will, geben.‹«[178]

Sie kommen also heraus und werden alle mit dem gleichen unscheinbaren Spielzeug bedacht. Dennoch, heißt es, sei der Vater keiner Lüge zu beschuldigen, da er mit den besten Absichten, nämlich der Rettung seiner Kinder, ein geschicktes Mittel angewandt habe. Und das Gleichnis sage, daß derjenige, der »den Lebewesen nur die Weisheit des Tathāgata, die Kraft und die Furchtlosigkeit preise, [...] die Lebewesen nicht befreien«[179] kann. Angesichts der geschilderten Situation kann man sich freilich kaum der Anfrage enthalten, ob dieses nun keine oder vielmehr eine »edle Lüge« sei, und auch, ob ein aufklärerisches Denken sich solcher Strategien bedienen kann, ohne die Unwissenheit fortwährend zu verlängern. Diese berechtigten Fragen scheinen indes, so denke ich, spezifisch europäische Fragen zu sein. Denn selbst solche Gleichnisse wie das obige stehen immer noch in der Tradition des kanonischen Giftpfeil-Gleichnisses, das den Vorrang der Heilswirkung vor dem Wissen dokumentierte. Was soll Aufklärung – etwa zum mündigen Denken – bewirken, wenn das dazu nötige bare Leben bedroht ist?

Es liegt der Haltung, »unlautere Mittel« anwenden zu dürfen – oder sogar: zu müssen –, noch eine weitere Neuerung zugrunde, die sich bei den Mahāsaṃghikas bereits ankündigte. Der historische Buddha, also gerade das, was seine geschichtlich-körperhafte Existenz ausmacht, wird nun als gewissermaßen scheinleiblicher »Verwandlungskörper« (*nirmāṇakāya*) betrachtet. Der Gedankengang ist nach einer frühen Mahāyāna-Schrift[180] wie folgt: Buddha kann zwar als geschichtliche Gestalt verehrt werden, z. B. in Form irgendwelcher Reliquien, aber das, was er erreicht hat, das volle Erwachen, wird dadurch nicht verwirklicht. Dies erlangte Buddha, behauptet der Text, nur durch die »Vollkommenheit der Erkenntnis« (*prajñāpāramitā*), in der er sich übte und die seinerseits nun der Text lehrt und empfiehlt. Der Körper des historischen Buddha hingegen sei nur das »erscheinende« Ergebnis der »Vollkommenheit der Erkenntnis« und selbst nichts anderes als ein »geschicktes Mittel« (*upāyakauśalya*)!

Mit anderen Worten: Die frühe Lehre vom Nirvāna, die ja für den Bodhisattva kaum noch von Bedeutung ist, war, um das obige Gleichnis zu verwenden, nur ein Spielzeug, von Buddha – als »geschicktes Mittel« – genutzt, um die Menschen zu motivieren. Die letztgültige Lehre (*dharma*) ist daher die transzendente Totalität des vollkommen differenzlosen »Körpers der Lehre« (*dharmakāya*), der sich weder erschöpft noch erneuert. In der entwickelten Form der Drei-Körper-Lehre kommt dann ein dritter Körper hinzu, der »Erfreuungskörper« (*saṃbhogakāya*), ein feinstofflicher Körper, den ein Buddha z. B. in Paradiesen annehmen kann und der zwischen dem »transzendenten« und dem »emanierten« Körper vermittelt. Vor diesem Hintergrund sollen im nächsten Abschnitt einige der philosophischen Denkwege des frühen Mahāyāna dargestellt werden.

Vollkommene Erkenntnis oder: Denken in Paradoxien

Der Ausdruck »Vollkommenheit der Erkenntnis/Weisheit« (*prajñāpāramitā*) dient zur Bezeichnung einer Gruppe von Texten, deren Umfang von einer Silbe bis hin zu 100 000 Strophen reicht.[181] Er ist zugleich programmatisch für das Anliegen der Texte: die ins »Jenseitige«, »Entfernteste« oder »Äußerste« (*pāraṃ*) »gegangene« (*ita*) Erkenntnis zu entwickeln bzw. »an das jenseitige Ufer der Erkenntnis zu gelangen« (tib. *shes-rab kyi pha-rol-tu phyin pa*). Diese Erkenntnis hält sich nicht mehr an die begrifflichen Analysen, mit denen im Abhidharma sowohl die phänomenale Welt als auch die Psyche auf Umschlagpunkte zum Heilspfad hin durchsucht und klassifiziert worden sind. Vielmehr wird der umgekehrte Weg beschritten: In einem synthetischen Akt werden die kategorialen Differenzen der Gegebenheiten eingeebnet und als unwesentlich bezeichnet, um einen unverstellten Blick auf das zu gewinnen, was alle – und alles – miteinander verbindet. Die gesamte Lebenswelt – und sogar das Nirvāna – wird zur trügerischen »Illusion« (*māyā*) erklärt, einem Traum gleich, in dem gehandelt wird, ohne daß faktisch etwas geschieht.[182]

Ein Element der neuen Lehre stellt die Radikalisierung des Nicht-Selbst-Gedankens dar. Wenn der Bodhisattva zur Rettung anderer antritt, sagt Subhūti in der ältesten Prajñāpāramitā-Schrift, dann rettet er nicht jemanden, der »substantiell« existiert, sondern, im absoluten Sinn, niemanden. Denn da es keine »Person« (*pudgala*) gibt, kann im Grunde genommen niemand wesenhaft, sondern immer nur phänomenal von jemand anderem unterschieden werden. Das »Letzte« und »Gemeinsame« aber ist vollkommen »ab-« oder »losgelöst« (*vivikta*).[183] Eben deshalb ist auch der Bodhisattva im Wesen nicht von jemand anderem zu unterscheiden, denn zum einen gibt es solche Kriterien nur im Bereich des Phänomenalen, und zum anderen liegt die Buddha- oder Bodhisattvaschaft allem bereits »zugrunde«. Seine eigentliche Aufgabe ist paradox: Er darf nicht daran verzweifeln, etwas zu leisten, was nicht geleistet werden kann, weil es eigentlich immer schon geleistet worden ist.

Was für das Selbst bzw. die Konstituenten gilt, wird nun radikalisiert, indem man es auf alle Gegebenheiten ausdehnt: Wenn in der illusionären empirischen Persönlichkeit tatsächlich die Veranlagung zum Bodhisattva bereitliegt, dann, folgert man, gilt dies für alle Gegebenheiten, die deshalb auch nicht mehr sinnvoll als bedingt oder unbedingt, rein oder unrein bezeichnet werden können. Auch die Gegebenheiten sind daher »ohne eigenes Selbst« (*dharma-nairātmya*). Aus der neuen Sichtweise heraus findet jede Veränderung nur noch auf der Ebene des Scheins statt: »Die vollkommene Erkenntnis der Tathāgatas hat die ›Konstituenten‹ als ›die Welt‹ (*loka*) herausgestellt, weil diese nicht zerbröckeln oder vollständig zerfallen. Denn die fünf Skandhas haben die Leerheit (*śūnyatā*) als Selbst-Sein, und da die Leerheit aber von Selbst-Sein leer ist, kann sie weder zerbröckeln noch vollständig zerfallen.« [184]

Ebenso ist auch das abhängige Entstehen zu sehen; es ist ohne Anfang, Mitte oder Ende. Obwohl die Glieder nicht mehr einander bedingen, da ja jedes einzelne Glied »unauslöschbar« ist, wird an der Ansicht festgehalten, daß die Gegebenheiten nicht ewig sind – ein weiteres Paradox. Der Bodhisattva hebt das abhängige Entstehen nicht auf, sondern er entwickelt die Erkenntnis, daß es niemanden gibt, der als »Täter« oder »Erleidender« (der einzelnen Glieder) betrachtet werden kann. [185] Diese Erkenntnisse führen zur Erweckung des »Erwachungsgeistes« (*bodhicitta*), mit dem der Bodhisattva den Pfad betritt. Da die Gegebenheiten ohne Anfang und Ende sind, ist auch jener Pfad zum Erwachen nirgendwo zu Ende. In einem Gleichnis wird diese Vorstellung mit der Flamme einer Öllampe verglichen, die weder durch den Moment des ersten Aufflammens noch durch das letzte Flackern verbrannt wird. [186]

Neben der Leerheit gibt es eine weitere Wendung, die jene neue Erfahrung ausdrückt: die »Soheit« oder »Derartigkeit« (*tathatā*), d. h. die Wirklichkeit, wie sie »ist«, wenn sie ohne subjektive Idealisierungen oder Abspaltungen erfahren wird. Gerade in der Soheit kommt die empirische Person mit dem Buddha zur Deckung:

»Folglich ist all diese Soheit – die Soheit des Tathāgata, der Skandhas, aller Dharmas, aller Jünger [...] – nur eine einzige Soheit, ohne jede Spur der Verschiedenheit von Positivität oder Negativität, da sie eins ist, nicht-differenziert, unauslöschbar, unberührt, nicht-zwei, ohne Grund für Dualität. Das ist die Soheit, die der Tathāgata dank der Vollkommenheit der Weisheit vollständig erkannt hat.« [187]

Ersetzt man in diesem Zitat versuchsweise »Soheit« durch »Leerheit« (*śūnyatā*), bleibt der Sinn dennoch erhalten. Denn es geht weniger um eine neue Qualität, die irgendwo hinter den Dingen liegt, als vielmehr um die Verwandlung des Blicks, die es zu erreichen gilt. Wie läßt sich dieser Geist der Nichtunterscheidung entwickeln? Läßt er sich als Ziel formulieren, das man verfolgt? Die Rede von einem Ziel, sei es die vollkommene Erkenntnis, das Erwachen oder die Bodhisattvaschaft, ist ja nur im Bereich der Phänomene und in der Sprache, die alle verstehen, möglich. Was die transformierte Sichtweise aber auszeichnet, ist, sich nicht mehr an die »Charakteristika« (*lakṣaṇa*), »Merkmale« oder »Zeichen« (*nimitta*) zu binden. Erst dann kann die vollständige »Wunsch-« bzw. »Intentionslosigkeit« (*apraṇihita*) durchgehalten werden.

Wenn z. B. jemand glaubt, daß er mit dem Eintritt in den Bodhisattva-Pfad Verdienst erwirbt, dann haftet er an einem Wunsch bzw. einer Intention, die sich, da sie sich an ein pures Zeichen hält, als eine feinere Art des Anhaftens entpuppt:

»Der Erhabene sprach folgendes: ›Da betrachtet, Subhūti, ein gläubiger edler Sohn oder eine edle Tochter den [...] vollkommen Erleuchteten aufgrund eines Merkmals (*nimitta*). So viele Merkmale es aber gibt, Subhūti, so viele Arten des Haftens gibt es. Aus welchem Grund? Aus dem Merkmal, Subhūti, ergibt sich nämlich das Haften.‹« [188]

Der wohl bis heute berühmteste und verbreitetste Prajñāpāramitā-Text, das »Diamant[schneider]-Sūtra« (*Vajracchedikā*), bringt es auf die bündige Formel: »Wo es etwas gibt, das durch Zeichen [*lakṣaṇa*] unterscheidbar ist, da gibt es Täuschung [*mṛṣā*]. Wenn du die zeichenlose Natur der Zeichen sehen kannst, dann kannst du den Tathāgata sehen.«[189]

Es ist klar, daß dieses Denken den Umschlag von der alltäglichen Lebensform und Sichtweise zu der des Bodhisattva notwendigerweise paradox ausdrücken muß, denn es ist nur als ein Schritt der »spontanen« Bewußtwerdung des zuvor Unbewußten denkbar: Ohne Zeichen entsteht keine Motivation, den Pfad zu beschreiten; die zeichengestützte Motivation führt aber das Anhaften und die Täuschung fort. Wiederum soll der Bodhisattva das Unmögliche vollbringen.

Der Riß, der den »Durchblick« ermöglicht, muß also durch alle alltäglichen Kategorien und Sprechweisen gehen. Die Soheit, die »Einheit der Gegebenheiten« (skt. *dharmatā*), die »Leerheit« oder die »Buddhanatur« (*tathāgatagarbha*) bleiben ansonsten Postulate, die eine Verwandlung der Blickweise nicht vermitteln können. Die verwendeten Paradoxien sollen, wie gesagt, insbesondere die Intention durchkreuzen, ein Ideal anzustreben, das nur Wunschbild bleibt: »Die Vollkommenheit der Erkenntnis nämlich, die von dem Erhabenen verkündet worden ist, ist eben als Nicht-Vollkommenheit der Erkenntnis durch den Erhabenen verkündigt worden. Deshalb heißt sie ›Vollkommenheit der Erkenntnis‹.«[190] Oft knüpfen die Paradoxe an die alte Beschreibung des Erlösungsweges an, die im Abhidharma systematisiert worden war: »Subhūti, das, was ›heilsame Handlungen‹ genannt wird, sind in Wirklichkeit nicht heilsame Handlungen. Und darum werden sie heilsame Handlungen genannt.«[191] Jede an Begriffe geknüpfte Vorstellung muß durchbrochen werden – erst dann können Begriffe verwendet werden, ohne ein Anhaften zu erzeugen. So gelten die

Buddhas auch als jene, bei denen »alle Vorstellungen verschwunden sind«[192].

Von den vielen frühen Mahāyāna-Schriften möchte ich zuletzt noch das sehr lesenswerte *Vimalakīrtinirdeśa* erwähnen, das É. Lamotte als »krönendes Juwel« der Mahāyāna-Literatur bezeichnet hat.[193] Diese Schrift porträtiert, dramaturgisch durchdacht, den Laien Vimalakīrti, der ein durchaus weltliches Leben – er ist Familienvater, Geschäftsmann usw. – *als* Bodhisattva bestreitet. Er sieht darin eine besondere Aufgabe: unangefochten vom Alltäglichen den reinen Wandel zu führen. Gerade dieses Element hat dem Sūtra in China und Japan zu einer großen Popularität verholfen. Vimalakīrtis Lehren stehen zwar noch der *Prajñāpāramitā* nahe, weisen aber bereits in die Richtung der Madhyamaka-Schule, die im nächsten Abschnitt behandelt wird.

Nāgārjuna und die Madhyamaka-Schule

Nāgārjuna (um das 2. Jh. u. Z.) ist sicherlich der herausragendste Denker der frühen Mahāyāna-Tradition. Sein methodisches Vorgehen, andere Positionen auf ihre Widersprüche hin zu untersuchen, ohne dabei selbst eine Position aufzubauen, hat viele Forscher zu Vergleichen mit der europäischen Philosophie inspiriert, die von der antiken Skepsis über Kant und Wittgenstein bis hin zur Dekonstruktion reichen. Sein Denken ist für den Mahāyāna-Buddhismus bis in die Gegenwart hinein von enormer Bedeutung. So sind, um ein ungewöhnliches Beispiel für diese Bedeutung zu geben, nach I.W. Mabbett von der mongolischen volksrevolutionären Partei im Sommer 1992 Ikonen von Marx und Lenin durch solche von Nāgārjuna ersetzt worden.[194]

Die Texte dieses schwierigen Denkers haben anscheinend, wie mir mehrfach bestätigt worden ist, eine besondere Wirkung:

Kaum glaubt man, den Grundgedanken erfaßt zu haben und als Ergebnis festhalten zu können, nimmt die Argumentation unvermittelt eine neue Wendung, so daß sich das »Ergebnis« wieder verflüchtigt. Die charakteristische Erfahrung ist dabei, daß die Gedankengänge Nāgārjunas nur im denkenden Nachvollzug leben, ohne zuletzt eine Synthese zu erlauben. Sollte diese heutige Wirkung, wie zu vermuten ist, auch schon damals eingetreten, und das heißt wohl beabsichtigt worden sein, so führt sie den Nachdenkenden durch diese Irritation zu einer Art von gedanklichem Gewahrsein. Das entspricht dem, was Nāgārjuna über sein Anliegen preisgibt: zu einem Punkt zu führen, an dem man sich an keiner philosophischen Position mehr festhält – nicht einmal mehr an der Position der »Leerheit« (*śūnyatā*).

Zunächst sei hier – versuchsweise – der Horizont seiner Überlegungen umrissen. Diese beruhen darauf, daß es keine »Essenz« bzw. kein »Eigenwesen« (*svabhāva*), das aus sich heraus besteht, geben kann. Verschiedene Gründe werden dafür angeführt, zentral ist aber Nāgārjunas Interpretation des Entstehens in Abhängigkeit: Er erklärt dieses als »leer« und setzt das Verständnis für die Leerheit ins Zentrum des buddhistischen Denkens, indem er dieses Verständnis mit dem »Mittleren [Weg]«, *madhyamā* (daher *Mādhyamika*, »Anhänger des mittleren Weges«), gleichsetzt.[195]

Dennoch ist Verstehen möglich, weshalb Nāgārjuna konsequent auf die zwei Wahrheitsebenen zurückgreift. Auf der Ebene der »verhüllten« oder »konventionellen Wahrheit« (*saṃvṛtisatya*) gilt, daß etwas – wenn auch nur unzureichend – bestimmt werden kann. Auf der Ebene »höchster Wahrheit« (*paramārthasatya*) zeigt sich jedoch die wechselseitige Voraussetzungshaftigkeit des Zeichens und des Bezeichneten, des Seins und Nichtseins, des Erkennenden und Erkannten. Diese kann nur durch einen Sprung in die Kluft aller dieser Begriffsgegensätze – als

»objektlose Erkenntnis« (*advayajñāna*) der Leerheit – aufgehoben werden. Aus dem ethischen Blickwinkel Nāgārjunas betrachtet, kann der Mensch durch diesen Sprung von der Skepsis zum »tätigen Mitleid« (*karuṇā*), und das heißt vom Determinismus zur Freiheit, übergehen, indem er ohne Vorstellungen oder Deutungsmuster seiner Situation *handelnd* gerecht wird. Dem entspricht die Gleichsetzung des Saṃsāra und des Nirvāna in seinem Hauptwerk, der *Mūlamadhyamakakārikā* (MK) – »Grundverse über den mittleren [Weg]«, ein Gedanke, der auf den ersten Blick frappierend unorthodox wirkt, den späteren Buddhismus aber maßgeblich geprägt hat.

Im folgenden möchte ich versuchen, die Methode darzustellen, mit der sich Nāgārjuna allgemein anerkannten Kategorien zuwendet, um ihre innere Widersprüchlichkeit zu demonstrieren. Einer dieser wiederkehrenden Gedankengänge läßt sich an einem schönen Beispiel aus der *Vigrahavyāvartanī* (VV), der »Streitabwehrerin«, veranschaulichen: »Wenn der Sohn vom Vater hervorgebracht wird und der Vater erst durch eben jenen Sohn entsteht, sag' mir, wer unter ihnen bringt den je anderen hervor? Sag' mir: Wer unter ihnen ist der Vater, wer der Sohn? Beide tragen nämlich Zeichen des Sohnes und des Vaters.« [196] Vom »Vater« kann, bevor der Sohn geboren ist, nicht gesprochen werden. Also muß, folgt man Nāgārjuna, *im* Sohn etwas begründet liegen, was den Vater Vater werden läßt – gewissermaßen die Eigenschaft, einen Menschen Vater werden zu lassen. Dasselbe gilt nun für den Sohn, von dem erst mit dem Vorhandensein eines Vaters gesprochen werden kann usw. In Nāgārjunas eigenem Kommentar zu diesen Versen heißt es daher, daß beide als Hervorbringende das »Zeichen des Vaters« tragen und als Hervorgebrachte das »Zeichen des Sohns«. Das bedeutet, daß man letztlich immer nur von *etwas* in Hinsicht auf *etwas anderes* sprechen kann, wobei jedem »etwas« etwas »anderes« schon innewohnt. Anders ausgedrückt, es gibt keine maßgebliche *Ursache*, sondern nur sich wechselseitig bestimmende *Bedingungen*. Läßt sich aber nur von einem Bedingungsgefüge sprechen, so kann auch nichts »Seiendes« isoliert werden, das existiert, ohne auf etwas anderes zu verweisen, und das heißt: Es ist »leer« (*śūnya*) und ohne eigenes »Selbstsein« (*svabhāva*).

Die abstraktere Fassung dieses Gedankenganges lautet nach der *Śūnyatāsaptati*, den »Siebzig Versen über die Leerheit«, folgendermaßen: »Das Bezeichnete [*lakṣya*] wird mittels des Zeichens [*lakṣaṇa*] gegründet, das sich vom Bezeichneten unterscheidet. Es gründet nicht in sich selbst. Noch bringen sich beide je wechselseitig hervor, denn ein Ungegründetes kann ein anderes Ungegründetes nicht hervorbringen.«[197]

Weder das Zeichen – man könnte auch übersetzen: das »Merkmal« oder die »Definition« – noch das Bezeichnete – der »Merkmalsträger« oder das »Definierte« – existieren also in einem wesentlichen Sinne. Da wir nach Nāgārjuna aber die Dinge, ja sogar Raum und Zeit, nur über ihre Zeichen und Charakteristika erkennen (vgl. MK V, 1-7), gibt es für uns im letzten Sinne auch keine seienden Dinge. Wenn überhaupt positiv von wahren Zeichen der Realität gesprochen werden kann, dann auf diese Weise:

»Nicht durch fremde Hilfe zu erkennen, friedvoll, durch Vielfalt nicht vielfältig, unvorstellbar und ohne Mannigfaltigkeit, das ist das Merkmal [*lakṣaṇa*] der Wirklichkeit [*tattva*].«[198]

Man bemerkt, daß bis auf das Attribut »friedvoll« (»beruhigt«) alle anderen Charakteristika aus Verneinungen bestehen. Mit diesen Ausdrücken stellt sich Nāgārjuna ganz in den Horizont der apophatischen (nicht-aussagenden) Rede zurück, die auch schon Buddhas Haltung auszeichnete. Allerdings versteht er seine Sätze nicht als Negationen, da nicht Buddha, Nirvāna oder die empirische Welt, sondern vielmehr die begrifflichen

Konzepte über diese negiert werden sollen (vgl. VV 29, 63 f.). Sicher muß aber Murti zugestimmt werden, wenn er sagt, daß ein solches System kaum aus sich selbst entstehen kann, sondern Vorläufer braucht, deren positive Aussagen zum Gegenstand der Untersuchung gemacht werden.[199]

Nāgārjuna wendet sich nun nicht nur gegen die zentralen Thesen einiger Abhidharma-Traditionen, wie jene Grundposition des Sarvāstivāda, daß die vergangenen, gegenwärtigen und zukünftigen *dharmas* tatsächlich existierten. Vielmehr werden auch die buddhistischen Konzepte der empirischen Person, des Leidens, der Tat und Frucht (*karmaphala*), der dogmatischen Ansichten (*dṛṣṭi*), aber auch der Begriff des Ātman, des Nirvāna und des Tathāgata sowie andere mehr systematisch untersucht.

Es ist von R.H. Robinson der Versuch gemacht worden, in dieser Methode eine »Standardstrategie« auszumachen, die sich seiner Meinung nach in einem (europäischen) formallogischen Schema ausdrücken läßt[200], mit dem er schließlich die »Unterlegenheit« dieser Methode demonstriert – was unter dieser Voraussetzung kaum verwunderlich ist. Dazu muß allerdings gesagt werden, daß Nāgārjunas Methode erstaunlich dynamisch ist, da er manchmal die unbegründeten Annahmen (*petitio principii*) der gegnerischen Position aufdeckt, ein anderes Mal die untersuchte Position notwendig in einen unendlichen Regreß (*anavasthā*) einmünden läßt oder, wie oben, die wechselseitigen Voraussetzungen konstatiert. Überdies hat seine Methode immer einen »inhaltlichen« Gegenstand, womit sie eher einem dialektischen Vorgehen ähnelt. Zudem findet sich die technische Bezeichnung dieses Vorgehens als *prasaṅga*, »reductio ad absurdum« bzw. »unerwünschte Folgerung« (Frauwallner), erst nach der Spaltung der Schüler in Prāsaṅgikas (Candrakīrti, Buddhapālita u. a.) und in Svātantrikas (»Anhänger selbständiger Schlußfolgerungen«, wie etwa Bhāvaviveka[201]), so daß auch deshalb zumindest bei Nāgārjuna (noch) nicht von einer Standardstrategie gesprochen werden sollte.

In allgemeinerer Literatur findet sich auch eine Auffasung über die Methode Nāgārjunas, die der von Robinson geradezu diametral gegenübersteht. Sie gipfelt in der Behauptung, daß Nāgārjuna eine »vierfache Logik« entwickelt habe, die der »nur zweiwertigen« europäischen Logik überlegen sei. Das ist m. E. mindestens ebenso irreführend. Angeführt seien zwei Passagen, in denen jenes »Tetralemma«, wörtlich: die »vier Positionen« (*catuṣkoṭi*), angewandt wird:

»Alles ist tatsächlich [*tathya*], ist nicht-tatsächlich, ist tatsächlich und nicht-tatsächlich, ist weder tatsächlich noch nicht-tatsächlich: das ist die den Buddhas gemäße Lehre.« (MK XVIII, 8)[202]

»Nichts kann als leer [*śūnya*], nicht-leer [*aśūnya*], sowohl leer und nichtleer, weder leer noch nicht-leer ausgesagt [*vaktavya*] werden. Sie werden nur zum Zweck der Benennung angenommen.

Wie könnten die vier möglichen Positionen [*catuṣṭaya*] der Ewigkeit, Nicht-Ewigkeit usw. im Zur-Ruhe-Gekommenen [*śānta*] bestehen? Und wie könnten die vier Positionen des Begrenzten, des Unbegrenzten usw. im Zur-Ruhe-Gekommenen bestehen?« (MK XXII, 11 und 12)[203]

Zwei formale Punkte scheinen mir erwähnenswert: Alle Tetralemmata beziehen sich auf *einen* Terminus, der dann (vermittels eines negierenden Präfixes) als Gegenteil ausgesagt wird usw. Während aber in MK XVIII, 8 das ganze Tetralemma positiv die Lehre Buddhas umschreibt, legt sich bei den späteren Versen eine negative Deutung nahe: Alle »vier Positionen« sind sprachliche Beschreibungsformen, die nur auf der Ebene diskursiver Wahrheit »logische« Gültigkeit besitzen.[204] Wenn Nāgārjuna nur einen Begriff bzw. ein Prädikat als Ausgangspunkt nimmt, um dann einmal sämtliche Aussageformen dieses Begriffs bis hin zum Weder-Noch zuzulassen und im anderen Fall alle – wiederum das Weder-Noch eingeschlossen! – als letztlich nicht zutreffend ablehnt, so scheint es sich hier doch weniger um eine »Logik« im geläufigen Sinne zu handeln. Denn in der europäischen Logik findet sich das Bestreben, von »allgemeingültigen« Gesetzen des Denkens ausgehend widerspruchsfreie Beziehungen zwischen Aussagen, Prädikaten usw. festzulegen und zu systematisieren. Betrachtet man aber Nāgārjunas *catuṣkoṭi*, so werden sich kaum Anwendungsfälle finden lassen, die über das Tetralemma selbst hinausreichen – was könnte denn aus diesem noch abgeleitet werden? Schayer hat die Wirkung dieser Sätze treffend als »Neutralisierung aller Existenzurteile« charakterisiert, durch welche »die antinominale Struktur des diskursiven Denkens aufgedeckt und die Selbstaufhebung des ›thetischen‹ Denkens [...] vollzogen«[205] wird.

Meines Erachtens bietet das Tetralemma also keine Grundlage für eine »mehrwertige Logik«, sondern ist der reflektierte Ausdruck der bereits mehrfach erwähnten buddhistischen Erfahrung, daß sprachliche Kategorien zwar als Hilfsmittel in einer »widersprüchlichen« Lebenswelt ihren guten Sinn haben (positives Tetralemma), diese Orientierung schaffenden Kategorien aber von dem, der die Welt in sich zur Ruhe gebracht hat, aufgegeben werden, da sie seiner Erfahrung nicht mehr entsprechen (negatives Tetralemma). Es ist Nāgārjunas Anliegen, wie gesagt, auch den Standpunkt der Leerheit zu überwinden, denn nach dem negativen Tetralemma kann eigentlich nichts als »leer« bezeichnet werden; aber bis dahin bleibt der Ausdruck im Gebrauch.

Wohin führt nun diese Standpunktlosigkeit? Gibt es dann noch einen Bezug zwischen Taten und ihren Auswirkungen, wo doch das abhängige Entstehen leer ist? Wozu sollte die Leere noch motivieren? Eine leere Erleuchtung oder ein leeres Nirvāna erscheint zumindest nicht besonders erstrebenswert. Einige Interpreten haben tatsächlich in Nāgārjunas Denken nur diesen tätigen Nihilismus gesehen.[206] Interessant ist, daß Nāgārjuna diese Deutung seiner Gedanken bereits kannte. Er läßt nämlich in MK XXIV, 1-6 einen Gegner mit genau diesen Vorwürfen zu Wort kommen: Wenn alles leer ist, sagt dieser, dann haben (verdienstvolle) Taten keine Folgen – also gibt es auch die »Vier Edlen Wahrheiten« nicht, was bedeutet, daß Meditation usw. sinnlos wird. Wenn die wichtigsten Lehren Buddhas aber sinnlos sind, dann kann es einen Buddha, einen Erwachten, nicht gegeben haben! Darauf antwortet Nāgārjuna mit der Einführung der zwei Wahrheitsebenen (MK XXIV, 8):

»Die Lehrverkündigung der Buddha stützt sich auf zwei Wahrheiten, auf die beschränkte Wahrheit [*saṃvṛtisatya*] des gewöhnlichen Lebens und auf die wahrhafte Wahrheit [*paramārthasatya*].«[207]

Nun könnte man meinen, daß mit dieser Unterscheidung eine fundamentale metaphysische Trennung zweier Bereiche, des »Schattenreichs« der Erscheinungen und der »höchsten Idee«, eingeführt wird. Damit wäre es natürlich ein leichtes, die Argumentation des Gegners außer Kraft zu setzen, da man sich immer auf den unangreifbaren Standpunkt höchster Wahrheit zurückziehen kann. Leider sind einige Schüler Nāgārjunas auch so vorgegangen. Daß Nāgārjuna das Verhältnis der beiden Wahrheiten aber nicht als Aufspaltung zweier Welten betrachtet haben kann, sagt er zwei Verse weiter:

»Wenn man sich nicht auf die gewöhnliche Auffassung [*vyavahāra*] stützt, kann man das Wahrhafte nicht lehren. Und wenn man das Wahrhafte nicht erfaßt, kann man das Nirvāṇa nicht erlangen.«[208]

Die beiden Wahrheiten sind vielmehr untrennbar miteinander verbunden. Denn die konventionelle Wahrheit ist das Sagbare, allerdings mit dem innewohnenden Zug zur Verdinglichung. Damit ist sie das »Verhüllte« (*samvṛti*), das Relative, das, was allgemein für wahr gehalten wird. Auch die »Edlen Wahrheiten« oder die »Drei Juwelen« werden so von der gewöhnlichen Auffassung notwendigerweise vergegenständlicht – und damit Gegenstand der Begierde. Trotzdem muß die allgemein verbindliche »Lebenswahrheit« zum Ausgangspunkt genommen werden, denn sie beinhaltet gewissermaßen die Diagnose der buddhistischen Lehre wie z. B. das abhängige Entstehen. Der beschreibbare »therapeutische« Aspekt der höchsten Wahrheit besteht nun darin, daß die konventionelle Wahrheit tatsächlich nur konventionell ist. Die höchste Wahrheit ist »beruhigt« und »friedvoll« (*śānta*), unbenennbar, die Auflösung aller Standpunkte in der Leerheit, mit anderen Worten: die Befreiung von der konventionellen Wahrheit.[209] Auch die Leerheit selbst ist zunächst ein konventioneller Standpunkt, der indes einen transformativen Charakter hat, da er die Bodenlosigkeit der Standpunkte überhaupt enthüllt. Die Verknüpfung der beiden Wahrheiten hat der XIV. Dalai Lama als verschiedene Perspektiven beschrieben: »these two truths – dependent coorigination and emptiness – are taught as two perspectives on the same reality«[210].

Wenn der Unterschied zwischen der weltlichen und der ins Nirvāna führenden Wahrheit nur ein perspektivischer ist, dann kann es auch keinen wesentlichen Unterschied zwischen dem Samsāra und dem Nirvāna geben, wie MK XXV, 19 f. ausführt: »Es gibt keinen Unterschied des Wesenskreislaufes vom Nirvāṇa und es gibt keinen Unterschied des Nirvāṇa vom Wesenskreislauf. [...] Es gibt nicht das geringste, was die beiden voneinander trennt.«[211] Ein »Unterschied« kann nach Nāgārjuna immer nur bei Merkmalen gemacht werden, die bestimmte *Gegenstände* auszeichnen, genauer: Die Unterscheidungen der Sprache produzieren die verschiedenen Gegenstände. Sollte jemand das Nirvāna als ein abgetrenntes Reich betrachten, so fällt er nicht nur in die Unterscheidung des Seins und Nicht-Seins zurück, sondern strebt ein durch seine Differenz zum Samsāra markiertes Nirvāna an, das sich immer nur als »benanntes Sein« herausstellt. Nāgārjuna ruft hier die Erinnerung an die paradoxale Struktur des Nirvāna wach. Nur wenn sowohl der Samsāra wie das Nirvāna als gleichermaßen leer angesehen werden, ist das Umschlagen der Perspektive in der Sicht auf ein und dieselbe »Realität« denkbar.

Den Nihilismus-Vorwurf des Gegners entkräftet Nāgārjuna letztlich dadurch, daß dieser nur dann Sinn mache, wenn die Leerheit selbst wieder verdinglicht wird. Um nun diesen Punkt nochmals existentiell zu fassen, schließt das Kapitel über das Nirvāna mit dem Vers: »Alle Wahrnehmung hört auf, die Vielfalt kommt zur Ruhe und es herrscht Friede. Nirgends ist irgendwem irgendeine Lehre von Buddha verkündet worden.«[212] Der Vers läßt (mindestens) drei Deutungen zu: Zum einen gilt es, wie oben ausgeführt, die Ebene des Kommunizierbaren, in der von Buddha und der Lehre gesprochen werden kann, zu durchbrechen. Zum anderen muß, wenn Buddhas Lehre zutrifft, daß jeder die Buddhaschaft *in sich* trage, diese Lehre nicht mehr explizit verkündet werden. Es könnte aber zwischen die beiden Verszeilen auch ein Doppelpunkt gesetzt werden. Zu lesen wäre dann, daß für den, der selbst in die Erfahrung vollständiger Beruhigung eingegangen ist, die Frage nach Buddha und der Lehre bedeutungslos geworden ist.

Betrachtet man Nāgārjunas Vorgehen im ganzen, so läßt sich zusammenfassend sagen, daß hier der Schritt von einer Sachlogik zur Logik der Perspektiven vollzogen wird. Die Souveränität, mit der je relative Beobachtungsstandpunkte gewechselt und damit selbst wieder beobachtet werden können, führt schließlich zum »Nichtstandpunkt« der Leerheit. Wichtig ist, auch die andere, »praktische« Seite dieser Gedanken zu sehen. Denn wenn entscheidende Aspekte der buddhistischen Lehre in dem Bereich jenseits des Ausdrückbaren verortet werden, wächst die Bedeutung des meditativen Gewahrseins genauso wie die des tätigen Mitgefühls (*karuṇā*). In zwei längeren Briefen, die der Überlieferung nach an einen befreundeten König gerichtet waren, legt Nāgārjuna die ethischen Fundamente seines Denkens ausführlicher dar. In der *Ratnāvalī*, der »Juwelenkette«, werden die sechs Bodhisattva-Stufen unter dem Aspekt dreier Ziele erläutert: »Hingabe« (*dāna*) und »sittliches Handeln« (*śīla*) werden zum Wohl anderer eingeübt; »Geduld« (*kṣānti*) und »Stärke« (*vīrya*) dienen zur Kräftigung der eigenen Fähigkeit; »Versenkung« (*dhyāna*) und »[transformierende] Erkenntnis« (*prajñā[pāramitā]*) schließlich führen zur Befreiung.[213]

Vasubandhu und die Yogācāra-Schule

Die Schule des Yogācāra (»Praxis des Yoga«) gilt als die bedeutendste philosophische Tradition des indischen Mahāyāna. Ihre Gedanken sind, wie jene der Madhyamaka, bis in den zeitgenössischen tibetischen und japanischen Buddhismus hinein überliefert, kommentiert und weitergeführt worden. Allgemein wird der Yogācāra als idealistische Schule bezeichnet, da er den Gedanken ausführt, daß »[die Welt] nur Geist« ist (*cittamātraṃ [lokam]*). Dieser Gedanke wird allerdings von den Anhängern unterschiedlich ausgeführt. Die Frage, ob es sich durchgängig um einen Idealismus handelt, d. h. eine Lehre, in der die äußere Wirklichkeit entweder nur als Geist, Bewußtsein oder als Konstrukt subjektiver Erkenntnisformen bestimmt wird, soll später noch einmal aufgegriffen werden, wenn das System des profiliertesten Denkers des indischen Yogācāra, Vasubandhus, behandelt wird.

Die Anfänge des Yogācāra, der später auch »Bewußtseinsschule« (*vijñānavāda*) genannt wird, finden sich in umfangreichen Mahāyāna-Schriften wie der *Yogācārabhūmi*, dem *Saṃdhinirmocana-Sūtra* und dem *Laṅkāvatāra-Sūtra*, deren älteste Partien bis ins 2. bzw. 3. Jahrhundert u.Z. zurückreichen. Schon der Name »Yogācāra« weist auf die fundamentale Bedeutung der meditativen Praxis in dieser Schule hin. Die Entwicklung der idealistischen Grundhaltung der Schule läßt sich daher, wie Schmithausen gezeigt hat, anhand der aus der Meditation gewonnenen Erkenntnisse gut nachvollziehen. So wird der Adept in einem Abschnitt der *Yogācārabhumi* angehalten, zum Zweck der Geistesberuhigung einen bestimmten Gegenstand zu visualisieren. Sodann löscht er dieses Vorstellungsbild wieder aus, um es in verbesserter, ideellerer Form erneut zu visualisieren. Er muß das vorige Bild verschwinden lassen, denn sonst wird es nicht gelingen, ein reines Bild zu erhalten. Die Übung des Yogin wird dabei mit dem Lernprozeß eines Malerlehrlings verglichen: »Nachdem er vom Meister nach [entsprechenden] Anweisungen eine Bildvorlage erhalten hat, schaut er diese immer wieder an und fertigt eine Kopie an, [und] jedesmal, nachdem er diese angefertigt hat, bringt er sie [wieder] zum Verschwinden und löscht sie aus [...]. Je öfter er [sie] tilgt und [wieder neu] anfertigt, desto reiner und sauberer erscheint das folgende Bild.«[214] Das Ziel ist, ein von der Wahrnehmung des entsprechenden Objekts nicht mehr abhängiges Vorstellungsbild einzuüben. Das tatsächliche Objekt wird hier zwar noch nicht, wie im entwickelten Yogācāra, als eine pure Vorstellung des Geistes bezeichnet. Da aber, wie das Malergleichnis nahelegt, der Schüler sich an einem Bild des Meisters, d. h. an einem *Abbild* des Gegenstandes orientiert, ist der Weg zur Aufhebung »außenweltlicher« Gegenstände bereits angelegt. Einen Schritt weiter geht das *Saṃdhinirmocana-Sūtra* (»Sūtra von der Auflösung des verborgenen Sinns«). Dort wird in Kapitel VIII »die Frage gestellt, ob die gegenständlichen Bilder, die Objekt der Versenkung sind, vom Geiste verschieden sind oder nicht. Die Antwort lautet, sie seien nicht vom Geiste verschieden, denn sie seien nichts außerhalb des Bewußtmachungsaktes (*vijñaptimātra*).«[215]

Der letztgenannte Ausdruck, der Erkenntnis als ein bloßes Bewußtmachen von innerpsychischen »Gegenständen« bezeichnet, etabliert sich später zu einem Schlüsselbegriff des Yogācāra. In der Tat heißt es im *Laṅkāvatāra-Sūtra*: Der Geist erkennt nur sich, und »nichts kann außerhalb des Geistes gesehen werden« (*cittābhyādarśanam*), oder: »Das Wesen der Dinge ist nicht-existent, was man sieht, ist nichts als der Geist; wenn der Geist selbst nicht wahrgenommen wird, entsteht Unterscheidung.«[216] Natürlich drängte sich die Frage auf, wie unter der Voraussetzung, daß jeder »seine« Welt imaginiert, eine »gemeinsame« Lebenswelt angenommen werden kann. Wie entsteht dann überhaupt der Glaube an eine äußere Welt, die man von sich unterscheidet? Zur Beantwortung dieser Frage mußte ein in jedem menschlichen Geist gleichermaßen ablaufender Prozeß angenommen werden, aufgrund dessen sich im einzelnen Bewußtsein ähnliche Erkenntniskategorien und Schemata entwickeln, die dann so etwas wie eine gemeinsame Welt suggerieren. Dafür wurden nun frühere Ansätze aufgegriffen, die von einem kontinuierlichen Bewußtseinsstrom gesprochen hatten, in dem sich habituelle Muster – wie z. B. in der Lehre des abhängigen Entstehens – fortwährend auswirken. In diesen Zusammenhang gehört eine der zentralen Ideen des Yogācāra: die Annahme eines »Speicher-« oder »Grundbewußtseins« (*ālayavijñāna*), das die (karmischen) »Samen« (*bīja*) bzw. »Eindrücke« (*vāsanā*) enthält. In der entwickelten Konzeption wird dem »Speicherbewußtsein« die Funktion der formierenden Kraft zugesprochen, welche die gesamte Lebenswelt erschafft.

Ursprünglich scheint das Speicherbewußtsein jedoch aus einem anderen Grund eingeführt worden zu sein. Es stellte sich nämlich das Problem, wie denn das (sechsfache Sinnes-)Bewußtsein (*vijñāna*), das, ebenso wie Wahrnehmung und Gefühl, in der vollständigen meditativen Absorption aufhört, *nach* der meditativen Versenkung wieder erneut entstehen und sogar an die früheren Bewußtseinsmomente anknüpfen kann. Dafür wurde nach Schmithausen in der *Yogācārabhūmi* erstmals ein weiteres, sublimes Bewußtsein angenommen, das sich in die Sinnesorgane »zurückzieht«, um dann, nach der Versenkung, erneut hervorzukommen bzw. sich zu manifestieren.[217] Aus dem Gedanken eines sich durchhaltenden, feinstofflichen Bewußtseins entwickelte sich erst später die Theorie eines unbewußten Speichers aller Bewußtseinsinhalte.

Die Yogācāra-Schule ist, im Gegensatz zum Madhyamaka, nicht maßgeblich durch den Anstoß eines einzigen innovativen Denkers entstanden. Viele Denker haben ihren Teil zu der Entwicklung der systematischen Lehre beigetragen. Der Übersichtlichkeit halber übergehe ich deshalb die der Tradition nach durch Maitreya an Asaṅga (4. Jh. u.Z.) gelehrten Schriften ebenso wie jene, die Asaṅga selbst verfaßt hat, und stelle das System in der Fassung von Vasubandhu vor. Dieser war der jüngere Bruder von Asaṅga und scheint nicht nur philosophisch einen abenteuerlichen Werdegang gehabt zu haben. Zunächst ein Anhänger des Sarvāstivāda und Sautrāntika, wandte er sich erst spät dem Yogācāra zu, dem er die wohl eleganteste Form gegeben hat. Auch für Vasubandhu ist das Speicherbewußtsein von großer Bedeutung. Schon in seinen mittleren Texten gilt es ihm als »Träger der Samen aller Daseinsfaktoren«[218]. In ihm befinden sich die – entsprechend der Lehre vom abhängigen Entstehen durch Unwissenheit bedingten – »Gestaltungen« (*samskāra*), die quasi als Samen für die Wiedergeburt wirken. Das Speicherbewußtsein ist die Grundlage der »jeweiligen Existenz« (*ātmabhāva*)[219], das erst dann aufhört, die Denk- und Handlungsmuster zu bestimmen, wenn die »Umwandlung der Grundlage« (*āśrayaparāvṛtti*)[220] vollzogen worden ist. Mit dieser Umwandlung ist keine vollständige Aufhebung des Speicherbewußtseins intendiert, denn dieses ist von sich her »unbefleckt« (laut den »Dreißig Versen«; im folgenden zit. als: 30/3). Vielmehr sollen die in ihm liegenden Dispositionen, die den Glauben an ein Ich und an eine reale Wirklichkeit produzieren, außer Kraft gesetzt werden. Dies gelingt, wenn die Haltung, fortwährend zwischen Subjekt und Objekt zu unterscheiden, aufgehoben wird und sich ein nicht-dualistisches und unmittelbares Gewahren des »Geistes selbst« – in diesem Sinne versteht Vasubandhu »*citta-mātra*« - einstellt.

Seine genauere Analyse dieser Vorgänge ist äußerst komplex. Zunächst zerlegt er den gesamten Bewußtseinsprozeß in drei »Evolutionen« (*pariṇāma*): das »Speicherbewußtsein« (*ālaya-vijñāna*), d.h. den immer vorhandenen, unbewußten Grundprozeß, das darauf gestützte »wähnende Denken« (*manas*), das insbesondere das Ich konstruiert, und schließlich die an die anderen Bewußtseinsvermögen gebundenen »Objekt-Erkenntnisse« (*viṣaya-vijñapti*) (30/1-8). Die letzteren sind die »klassischen« sechs Formen des Sinnesbewußtseins. Da dies alles Bewußtseinsmodi *im* Geist sind, kommt man also auf acht verschiedene Bewußtseinsformen: das »Speicherbewußtsein« (1), das »Ich-Bewußtsein« (2) sowie das »Seh-Bewußtsein« (3) bis hin zum »Denk-Bewußtsein« (8). Während die sinnlichen Bewußtseinsformen dauernd entstehende und wieder vergehende (moralisch relevante) Empfindungen, Emotionen und Handlungen hervorrufen, ist das denkende Ich-Bewußtsein konstant und wird nur in der Meditation oder während einer Bewußtlosigkeit unterbrochen.

Wie es unter diesen Voraussetzungen zu Vorstellungen von Dingen usw. im Bewußtsein kommt, erklärt Vasubandhu wie folgt: Der Gedanke, von sich als Subjekt ein existierendes Objekt unterscheiden zu können, beruht auf einer illusionären Unterscheidung zwischen dem »Ergreifenden« (*grāhaka*), d.h. dem Erkennenden, und dem »Ergriffenen« (*grāhya*). Dies hatte auch schon Nāgārjuna nachgewiesen (vgl. MK XXIII, 13 ff.). Vasubandhu nennt diese Aufspaltung allerdings die »Disposition zu dualistischem Ergreifen« (30/19). Auf diese Grunddisposition führt er letztlich alles zurück, denn sowohl das angeblich »erkannte Objekt« wie auch das vermeintlich »erkennende Subjekt« liegen schon vor dem Erkenntnisakt im Speicher bereit. Im Speicher formiert sich tatsächlich die gesamte »objektive Realität«: »Eine Erkenntnis (*vijñapti*) nämlich, welche das Bild einer Form/Farbe (*rūpa*) zeigt, entsteht aus ihrem Samen, sobald dieser einen bestimmten Zustand der Evolution (*pariṇāma*) erreicht hat.«[221] Mit anderen Worten: Daß wir glauben, einen bestimmten Gegenstand zu erkennen, liegt an einem subjektiven Impuls, der sich bildhaft zu eben jenem »Gegenstand« verdichtet. Wer zu erkennen vermag, daß alles »Wirkliche« nur aus vorgestellten Erkenntnissen besteht, der gelangt nach dem Yogācāra dazu, die Wesenlosigkeit der Person wie auch der Gegebenheiten zu sehen. Es kommt daher immens darauf an, zu dieser Erkenntnis durchzudringen. Aber: Wer *diese* Erkenntnis als Objekt fassen will, der befindet sich ja wieder in der Welt verhängnisvoller Dualität. Um deshalb den Emanzipationsprozeß des Geistes genauer beschreiben zu können, verwendet Vasubandhu in dem späten Werk »Abhandlung zu den drei Seinsweisen« (*Trisvabhāvanirdeśa*; im folgenden zit. als: Tsn) eine weitere dreifache Struktur. Zum einen ist da die »unterste« Ebene, die aus jenen reinen Imaginationen besteht: die »vorgestellte Seinsweise« (*parikalpita svabhāva*). Sie besteht aus dem, was in der »konventionellen Rede« (*vyavahāra*) als die Welt der Dinge gilt (Tsn/23). Die zweite ist die »von anderem abhängige Seinsweise« (*paratantra svabhāva*). Sie beinhaltet Vorstellungen, die aufgrund von »kausalen Bedingungen« (*pratyaya*) enstehen (30/20; Tsn/2), und deshalb ist sie nicht pure Imagination, sondern erscheint als Beziehungsgefüge. Mir scheint, daß hiermit das abhängige Entstehen im Sinne der interdependenten karmischen Verstrickung gemeint ist. Zudem ist die abhängige Seinsweise der Grund des nur konventionell Existenten (Tsn/23). Die »vollendete« oder »vollkommene Seinsweise« (*pariniṣpanna svabhāva*) ist die »Abschneidung« (*samuccheda*) oder Zerstörung des konventionell Existenten (Tsn/23); sie ist das absolute Nicht-Anderssein der »Soheit« (*tathatā*, 30/25).

Kaum hat Vasubandhu diese Seinsweisen voneinander unterschieden, beginnt er, sie geradezu dialektisch wieder zu vereinen: Die vorgestellte Seinsweise hat zwar normalerweise den Status des Existenten, da sie als (irreale) Dualität erscheint. Im letzten ist sie aber von der vollendeten Seinsweise nicht zu unterscheiden, denn diese wiederum *ist* gerade das Nicht-Sein der (erscheinenden) Dualität (Tsn/18 f.). Dasselbe trifft auch auf die abhängige Seinsweise zu, die zwar aus gesetzmäßigen Erscheinungen besteht, welche aber letztlich nicht existieren – worin sich erneut das Nicht-anders-Sein des »Vollendeten« ausdrückt (Tsn/20 f.). Das heißt: Das »Vollendete« existiert als das Nicht-Duale in den anderen Seinsweisen, genauer noch, es verweist darauf, daß im »Abhängigen« das »Vorgestellte« beständig abwesend ist (30/21). Als Deutung möchte ich vorschlagen: Wer das Vollendete sieht, erkennt die Leerheit im abhängigen Entstehen. Das ist zugleich die transformierende Erkenntnis, nämlich durch »Nichtwahrnehmung« (*anupalambha*) das gesamte Bewußtsein der Persönlichkeit umzugestalten, um die Befreiung (*vimukti*) zu erlangen (30/29 f.).

Solange also die vollendete Seinsweise nicht erkannt ist, bleibt auch die abhängige Seinsweise verborgen (30/22). Das bedeutet, in guter dialektischer Denkweise, daß die drei Seinsweisen sich je nach der Ebene, die der Erkennende erreicht hat, anders darbieten. Der Erkenntnisprozeß selbst nimmt nach Vasubandhu den folgenden Verlauf: »Bevor das, was die Nicht-Existenz der Dualität ist, betreten [d.h. erkannt] wird, wird die abhängige Seinsweise betreten[222]; dann betritt man die nur vorgestellte [Seinsweise], die nicht-seiende Dualität. Schließlich wird die vollendete Seinsweise betreten, die Existenz der Nicht-Existenz der Dualität« (Tsn/24 f.). Dieser Erkenntnisprozeß mag, nebenbei gesagt, auch »geschichtlich« verstanden werden: Die frühen buddhistischen Lehrsätze enthüllten die vergängliche Dualität, während der Yogācāra jetzt das Absolute *in* (oder besser: *trotz*?) der klassischen Lehre der Vergänglichkeit behauptet.[223]

Mit einem schönen Gleichnis (Tsn/27-30) verdeutlicht Vasubandhu die verschiedenen Seinsweisen: Ein Magier oder Hypnotiseur läßt vermittels eines magischen Spruches (*mantra*) einer Gruppe von Menschen dort, wo diese vorher nur ein Stück Holz sahen, einen Elefanten erscheinen. Dem Mantra entspricht das »Speicherbewußtsein«, denn es ist die im kollektiven Unbewußten wirkende Kraft. Dem Elefanten entspricht die illusionäre Vorstellungsweise. Seine Erscheinungsform (*ākāra*), wie sie von allen gesehen, d.h. intersubjektiv konstruiert wird, entspricht dem »Abhängigen«. Die Nicht-Existenz des Elefanten in dieser Erscheinungsform: das ist das »Vollendete«, welches bleibt, wenn die Erscheinung verschwindet. Was dann sichtbar wird, ist das Stück Holz, das explizit als »Soheit« bezeichnet wird (Tsn/30). Schlägt hier der Idealismus in einen Realismus um? Was verstehen die Yogācārins unter »Soheit«? Nach Schmithausen erschließt sich der »mystischen Schau« eine »tiefere Schicht, die transphänomenale Wirklichkeit oder ›Soheit‹ (*tathatā*), welche einheitlich, unveränderlich und unvergänglich ist und den ontologischen Aspekt des Nirvāṇa darstellt«[224].

Wie kann dieser Rang im Gleichnis durch ein einfaches Stück

Holz eingenommen werden? Eine mögliche Antwort läßt sich aus den früheren Schriften Vasubandhus gewinnen. Dort argumentiert er, daß der Meditierende aus einem Stück Holz nicht nur die elementaren Stoffe (Wasser, Erde usw.), sondern unbegrenzt viele Erscheinungsformen (*ākāra*) gewissermaßen herausvisionieren kann.[225] Diese Gestalten seien nun nicht alle »Bestandteile« des Holzes, sondern es sind die innerpsychischen »Samen« (*bīja*), die aus dem Holz (oder einer Mücke) einen Elefanten machen können. Das Holz scheint also ein beliebiges Material zu sein, das letztlich, wie alles andere auch, durch »Soheit« ausgezeichnet ist. Nur wird diese fortwährend verkannt, verstellt und überformt; gelangt man zum vorstellungsfreien Wissen, dann zeigt sich, dem Gleichnis gemäß, ganz unspektakulär dasjenige, was in allem *so* - und nicht anders – ist. Die Soheit wird im Yogācāra somit zum positiven Ausdruck für die Leerheit.[226]

Zuletzt möchte ich noch einmal kurz auf die Frage zurückkommen, ob die zentrale Lehre der Schule, im Erkenntnisakt äußerer Objekte nur einen Bewußtmachungsakt bereits residierender Vorstellungen zu sehen, als Idealismus im geläufigen Sinne bezeichnet werden kann.[227] Schon T. Stcherbatsky hat hier Ähnlichkeiten mit der Philosophie von Kant und Hegel bemerkt, indem er die »höchste Einheit aller Elemente« in der »Soheit« bzw. der »absoluten Idee« (=*cittamātra*) gegeben sah.[228] Ob allerdings der Gedanke der Einheit, mit den europäischen Konnotationen dieses Begriffs, wirklich auf die Soheit anwendbar ist? Sicher lassen sich insbesondere zu Hegel Parallelen konstruieren, z.B. mit den »drei Seinsweisen«: Hegels Stufung »Bewußtsein« entspräche dann Vasubandhus »Vorgestelltes«; dem »Selbstbewußtsein« das »Abhängige« und der »Vernunft« sowie dem »Geist« das »Vollendete«.[229] Diese Parallele ließe sich dann weiter veranschaulichen, etwa in Vasubandhus Abweisung der Gewißheit aller sinnlichen Wahrnehmungen: »Zur Zeit, wo sich die Erkenntnis der sinnlichen Wahrnehmung [*pratyakṣābuddhi*]: ›Dies habe ich sinnlich wahrgenommen‹, einstellt, wird der Gegenstand nicht gesehen, weil diese Feststellung durch das Denkerkennen erfolgt und das Augenerkennen inzwischen vergangen ist.«[230]

Dennoch sollten solche Vergleiche skeptisch geprüft werden. Wenn auch einzelne Elemente manchmal durchaus ähnliche Züge aufweisen, stehen sie doch meistens in einem ganz anderen Kontext. Was bedeutet es etwa, daß für Vasubandhu das höchste Wissen »ohne Geist« (oder als »Nicht-Geist«, *acitta*) erreicht wird (30/29)? Und wenn der Träumende, nachdem er aufgewacht ist, die Idealität des Geträumten erkennt (20/16), ist es dann nicht naheliegend, daß der in unserer – als Traum bezeichneten – Welt quasi nochmals »Erwachte« auch jenen »transzendentalen Traum« noch überwindet?

Die nachfolgenden Entwicklungen können hier nicht weiter betrachtet werden, wenn auch mit der Entfaltung der buddhistischen Logik durch Dignāga (4./5. Jh.) und den großen Erkenntnistheoretikern des 7. Jahrhunderts, Dharmakīrti (Yogācāra-Linie) und Chandrakīrti (Mādhyamika), ein enormes Reflexionsniveau erreicht worden ist.[231]

Impulse der »Bewußtseinsschule«, aber auch anderer nordindischer Lehren haben schließlich die letzte Entwicklungsstufe des indischen Buddhismus hervorgebracht: den Tantrismus bzw. das »Diamant-Fahrzeug« (*vajrayāna*). Dieser vielleicht schon im 3. oder 4. Jahrhundert in Geheimzirkeln anhebenden Bewegung, in der die Einweihung durch den Guru unabdingbar für das Verstehen der kodierten Texte bzw. Lehren ist[232], gilt als Ziel, sich der eigenen »diamantenen« Selbstnatur schon in diesem leibhaften Leben bewußt zu werden. Ansätze zu dem Gedanken einer Selbstnatur, die grundsätzlich in jedem als Keim vorhanden ist und nur erweckt zu werden braucht, finden sich bereits in der

Lehre der »Buddhanatur« (*tathāgata-garbha*), die der Tantrismus aufnahm. Die Buddhanatur ist eine immanente, absolute Realität: unzerstörbar, rein und freudvoll.[233] Mit dem Tantra entsteht nun eine neue, »schnelle«, aber auch gefährliche Praxis, die immanente Buddhaschaft zu erwecken. Das Tantra versteht sich als Fahrzeug der »Effekte«, nicht langwieriger Vervollkommnungen. Die zentrale »Praxis« (*sādhana*) besteht darin, in einer Übung, die dem Erwachen aller gewidmet ist, ausgewählte Gottheiten – die letztlich »nur Geist« sind – hervorzurufen und im eigenen Körper/Geist zu visualisieren, um mit ihnen zu kommunizieren. Schließlich läßt der Adept die Gottheit und sich in die Leerheit eingehen.[234] Diese Praxis vervollständigen die »Siddhas«, die tantrischen Meister, indem sie die scheinbaren Polaritäten der Welt (Samsāra/Nirvāna, Körper/Geist, rein/unrein, männlich/weiblich etc.) zu verschmelzen suchen. Jede Möglichkeit, auch die sexuelle Vereinigung, wird genutzt, um unvollkommene Dualitäten zu überwinden. An die Stelle der asketischen Reinigung tritt gewissermaßen ein »homöopathisches« Prinzip: Selbst die schädlichsten Gifte müssen integriert werden, um die große Befreiung zu erlangen. Dem entspricht ein »analogisches Denken«[235], das alle Bereiche magisch miteinander ins Spiel bringt: Bestimmte Silben (*mantra*) = Meditations-Buddhas = Weltgegenden = Farben = Symbole = Handgesten (*mudrā*) etc. Möglicherweise ist dieses verwobene Netz von Beziehungen die Ursache der metaphorischen Verwendung von *tantra* (eigentl. »Faden«, »Gewebe«). Erstaunlich ist, daß dieses archaisch-analogische Denken des Tantra mit den zuletzt genannten philosophischen Lehren eng verknüpft wurde. In eben dieser Einheit hat es insbesondere den tibetischen Buddhismus geprägt. In China fand es weniger Anklang, ist aber von dort nach Japan weitervermittelt worden, wo es beträchtlichen Einfluß gewann. Der Tantrismus ist die wohl umstrittenste Erscheinung des Buddhismus. Gilt er einigen als höchste Verwirklichung, enthalten sich andere bewußt des Urteils, da, wie gesagt, die Lehren ursprünglich nur direkt von Lehrer zu Schüler unverschlüsselt übertragen wurden. Wieder andere erblicken in ihm eine dekadente Erscheinung. Wie dem auch sei: Die Entwicklung des indischen Buddhismus endete im 11. Jahrhundert, da die islamische Eroberung zum weitgehenden Erlöschen des Buddhismus in Indien führte. Zu jener Zeit aber hatte sich der Buddhismus schon über weite Teile Asiens ausgebreitet.

4. Ausblick: Metamorphosen des Buddhismus

Tibet

Der Buddhismus ist, als er die Grenzen zu anderen Kulturen überschritten hat, nicht nur selbst als schöpferische Kraft aufgetreten, sondern ebenso stark von den jeweils bestehenden Traditionen geformt worden. Dies hat zu sehr vielfältigen Erscheinungsformen geführt, insbesondere, da der tibetische und japanische Buddhismus sich bis in die Gegenwart hinein weiterentwickelt haben. Die folgenden Abschnitte zu den drei großen außerindischen Traditionen sollten somit nur als Ausblick in diese Vielfalt verstanden werden.

Tibet war im 7. Jahrhundert, zu Zeiten seiner ersten überlieferten Kontakte mit dem Buddhismus, eine Großmacht im zentralasiatischen Raum. Möglicherweise wurden diese Kontakte durch die aus Nepal und China stammenden Gattinnen des tibetischen Königs Srong-btsan sgam-po vermittelt. Sicher ist jedenfalls, daß die oft adligen Anhänger der schamanistisch geprägten frühtibetischen Religionsformen, die später unter dem Namen Bön (*bon*) zusammengefaßt wurden, sich mit umfassend geschulten Mahāyānins konfrontiert sahen. Wahrscheinlich hatte das Königshaus deshalb lebhaftes Interesse an den Besuchen der Buddhisten, da diese nebenbei kulturelle Errungenschaften ihrer Länder (Schrift, Medizin, Kunst, Mathematik usw.) verbreiteten. Der Widerstand der einheimischen Tradition führte allerdings zu politischen Machtkämpfen, so daß sich erst spät eine friedliche Koexistenz entwickelte. Durch die Einladung von Padmasambhava, einem magiekundigen Tantriker aus dem heutigen Swat in Pakistan, suchten die Buddhisten den animistisch-schamanistischen Vorstellungen auf gleicher Ebene zu begegnen, was der Tradition nach auch gelang, da jener die feindlichen Dämonen überwand und zu Schutzgottheiten umfunktionierte. Durch seinen Erfolg wurde das Tantra (tib. *rgyud*) zu einem der wesentlichen Momente des tibetischen Buddhismus.

Aber auch innerhalb der sich im Land befindlichen buddhistischen Anhänger indischer und chinesischer Lehren kam es zu Rivalitäten. In einer berühmten Debatte, die um 792 im kurz zuvor gegründeten Kloster Samye (*bSam yas*) einberufen wurde, trat Kamalaśīla für die indische und Hwa shang für die chinesische Richtung an. Während der erstere, in der scholastischen Tradition Indiens stehend, den stufenweise zu vollziehenden Vervollkommnungsweg zum Erwachen (und letztlich zur Buddhaschaft) vertrat, lehrte Hwa shang den unmittelbaren Vollzug des augenblicklichen Erwachens, den der meditativ und antischolastisch ausgerichtete Ch'an-Buddhismus in China entwickelt hatte.[236] Diesen Streit zwischen »Gradualisten« (tib. *rim gyis pa*) und »Simultanisten« (tib. *cig car ba*) entschied der vorsitzende König zugunsten der Gradualisten und verwies die chinesischen Ch'an-Anhänger des Landes. Durch dieses prägende Ereignis führte Tibet fast ausschließlich die indische Traditionslinie weiter. In den folgenden Jahrhunderten wurden durch indotibetische Übersetzungsteams zahlreiche buddhistische Texte aus dem Sanskrit ins Tibetische übersetzt. Viele bedeutende Mahāyāna-Texte sind heute nur noch in den tibetischen Übersetzungen zugänglich.

Im 11. Jahrhundert etablierte sich in Tibet ein tantrisches System, das bis heute bedeutsam geblieben ist: das »Rad der Zeit« (*kālacakra*, tib. *dus-kyi 'khor-lo*). Es gehört zu den »Mutter-Tantras« (tib. *yum*), die mit der intuitiven und feminin vorgestellten »Weisheit« (*prajñā*, tib. *shes rab*) verknüpft sind, während die »Vater-Tantras« (tib. *yab*), deren wichtigstes das »Tantra der verborgenen Vereinigung« (*Guhyasamāja*) ist[237], mit dem aktiven »Mitgefühl« (*karuṇā*, tib. *rnying-rje*) assoziiert werden.[238] Die tantrische Auffassung des Verhältnisses von intuitiver Weisheit (aus universaler Leerheit) und tätigem Mitgefühl (mit den Leiden anderer) zeigt sich darin, daß diese beiden – scheinbar gegensätzlichen – Pole verschmolzen und vereinigt werden müssen. Diese Auffassung findet sich auch in jenen – in Europa oft mißverstandenen – Darstellungen einer männlichen und einer weiblichen Gottheit wieder, die in geschlechtlicher Vereinigung, der »Vater-Mutter«-Haltung (*yab-yum*), gezeigt werden. Im Falle des Kālacakra-Systems wäre dies der personifizierte Kālacakra und seine Partnerin Viśvamāta. Diese werden manchmal auch in der Mitte eines symbolischen »Mandalas« (»Kreis«) gezeigt. Üblicherweise ist ein Mandala (*dkyil 'khor*) z.B. als Rollbild (*thangka*) gemalt oder aus Sand gestreut, »ein streng symmetrisches, auf die Mitte konzentriertes, zumeist in vier gleich große Sektoren geteiltes Diagramm, aufgebaut aus konzentrischen Kreisen (*'khor*) und Quadraten, deren Mitte mit dem Mittelpunkt (*dkyil*) in der Regel zusammenfällt«[239]. Die Symbolik und Funktion ist in dieser Beschreibung bereits angedeutet. Es dient maßgeblich der Meditation: Der Yogin bzw. die Yoginī muß die göttliche Gestalt in der Mitte des Mandala zunächst in sich vergegenwärtigen, dann als äußere Gestalt visionieren, »beleben« und sich schließlich mit ihr in der Weise vereinigen, daß er oder sie selbst zu der göttlichen Gestalt wird. Zuletzt sollen sie auch diese Identifikation noch übersteigen, um in die Lage versetzt zu werden, die karmisch bedingten psycho-physischen Belastungen zu überwinden, die es ihnen verwehren, das »klare Licht« zu sehen, das die fundamentale Wirklichkeit auszeichnet.

Das Mandala wird auch mit einer Fünfheit von Buddhas, »Sieger« oder »Tathāgatas« genannt, verbunden, die in allen Himmelsrichtungen residieren. Zumeist ist Vairocana im Zentrum, östlich davon (unten!) Akṣobhya, südlich (links) Ratnasambhava, westlich Amitābha und nördlich Amoghasiddhi dargestellt. Diese Fünfheit ließ man ihrerseits aus einem »Ur-Buddha« (skt. *ādibuddha*), Mahāvairocana oder Vajrasattva, emanieren.[240] Die fünf Tathāgatas erscheinen z.B. nach der Lehre des sog. »Tibetischen Totenbuchs«[241] dem Gestorbenen, der aufgrund seiner verstellenden Projektionen nicht imstande war, das »strahlende Licht« (*'od gsal*) zu erkennen. Er gerät dann in den »Zwischenzustand« (*bar do*), aus dem er nach 49 Tagen wiedergeboren wird, falls es ihm darin nicht gelingen sollte, den Anblick der jeweiligen Tathāgatas, die er durch die karmischen Befleckungen seines Geistes verkennt, auszuhalten. Um nun für diese Situation gewappnet zu sein, versucht der Adept, bereits in der Versenkung zu diesem »Licht« vorzudringen. Gelingt es ihm dann, im Augenblick des Todes zu dieser fundamentalen Natur vorzudringen, verwirklicht er den »Wahrheitskörper des Buddha« (*dharmakāya*) und verhindert so jede künftige Wiedergeburt. Wenn nicht, dann hat er noch weitere Chancen innerhalb des »Bar-do«, die sich aber Tag für Tag verschlechtern, denn die erscheinenden Gestalten werden immer grausiger. Die Vorstellungen, die sowohl in der Symbolik des Mandalas als auch im »Totenbuch« zu finden sind, haben C.G. Jung zu vielfältigen und interessanten Vergleichen mit seiner Tiefenpsychologie angeregt.[242] Aufsehen erregte auch die »Vorwegnahme« des Ödipuskomplexes, denn es heißt im Totenbuch, daß der männlich Wiedergeborene »heftige Aggressionen gegen den Vater und Eifersucht und Begehren gegenüber der Mutter verspüren«[243] wird, während die weiblich Wiedergeborene genau umgekehrt empfinden werde.

Der tibetische Buddhismus nahm in der Zeit ab dem 11. Jahrhundert seine besondere Form an. Wie in der indischen Tradition bildeten sich klösterliche Überlieferungslinien heraus. In ihnen werden bestimmte autoritative Praktiken, Unterweisungen und Texte bis heute weitergegeben und neu kommentiert. Die erste Schule, die »Anhänger der alten [tantrischen] Tradition« (*rNying-ma-pa*), führt ihren Ursprung direkt auf Padmasambhava zurück. Eine weitere Schule, die Sa-skya-pa, erreichte eine zeitweilige Vormachtstellung, als ihr Abt zu dem aufstrebenden Mongolenreich gute Beziehungen aufbaute, die später darin gipfelten, daß der Mongolenherrscher Khubilai der Sa-skya-Schule um 1260 die vollständige religiöse Oberhoheit übertrug. Eine dritte Tradition, deren Linie sich ebenfalls bis heute fortgesetzt hat, ist die Schule der »Anhänger des Überlieferungsstromes« (*bKa'-brgyud-pa*). Eine wichtige Lehre dieser Schule, die »Sechs Prinzipien des Nāropa«, die auch dem »Totenbuch« zugrunde liegen, wurde – wie dieses – später zum Lehrinhalt auch anderer Schulen. Diese sechs Prinzipien wurden von dem indischen Tantriker Nāropa an den Gründer der Schule, Mar-pa (11. Jh.), weitergegeben. Sie beinhalten: die yogische Erhitzung (*gtum-mo*), d.h., den »Erwachungsgedanken« (skt. *bodhicitta*) durch die psychophysischen »Energiekreise« (skt. *cakra*) unter Erhöhung der Körpertemperatur aufsteigen zu lassen; die Hervorbringung eines »Phantom-Körpers« (*sgyu-lus*), der sich magisch meistern läßt; den »Traum-Weg« (*rmi-lam*), d.h. die Beeinflussung der Träume zum Zwecke vorweggenommener Befreiung; die Lehren vom »strahlenden Licht« (*'od gsal*) und vom »Zwischenzustand« (*bar do*); schließlich die »Bewußtseins-Übertragung« (*'pho-ba*), d.h. die Herausschleuderung des »Bewußtseins« im Moment des Todes.[244] Ein Schüler Mar-pas war Mi-la-ras-pa, der aufgrund seiner religiös-mystischen, aber auch autobiographischen Dichtungen von großer Intensität auch im Westen als größter tibetischer Dichter gilt.[245]

Im 13. Jahrhundert wurde nun damit begonnen, die vielen buddhistischen Schriften, die übersetzt worden waren, in einem Kanon zu sammeln, der erstmals 1410 in China als Holzdruck vervielfältigt wurde. Die etwa 4600 darin enthaltenen Einzelschriften umfassen nicht nur die »klassischen« Lehrreden Buddhas sowie die Mahāyāna-Sutras und Tantras, die zusammen die etwa hundert Bände der »Übersetzungen der (Buddha-) Worte« (*bka'-'gyur*) füllen, sondern auch philosophische Abhandlungen, Kommentare und Texte der indischen Wissenschaften, die als »Übersetzungen der Erläuterungen« (*bstan-'gyur*) weitere 225 Bände ausmachen. Mit dieser Grundlage, die jedes größere Kloster besaß, ließ sich in dem damals vielleicht »bücherreichsten Land der Erde«[246] ein durchgängig hohes Niveau von Gelehrsamkeit erreichen.

Allerdings entfachte sich durch die Existenz mehrerer großer klösterlicher Traditionen spätestens nach dem Verlust der Vormachtstellung der Sa-skya-pa im 14. Jahrhundert ein Kampf, in dem es weniger um die Diskussion von Glaubensangelegenheiten als vielmehr um weltliche Macht ging. Es hatte sich ein System »hierokratischer Herrschaft«[247] gebildet, das den tibetischen Buddhismus, sozialgeschichtlich gesehen, – leider – bis heute charakterisiert.

Einen neuen Impuls erhielt der tibetische Buddhismus durch Tsongka-pa (*bTsong-kha-pa*, 1357-1419). Dieser Universalgelehrte studierte zunächst die Prajñāpāramitā-Literatur, Madhyamaka, Yogācāra und die Logiker, später dann die Tantras, insbesondere das Kālacakra. Ein besonderes Anliegen war ihm jedoch, die Vervollkommnung der ethischen Haltung und der moralischen Lebensführung den tantrischen Praktiken vorzuordnen. Er forderte überdies eine Rückkehr zur mönchischen Besitzlosigkeit und Enthaltsamkeit. Wer sich hier nicht bewähre, der solle sich auch nicht tantrischen Praktiken zuwenden, da diese dem

Ungefestigten gefährlich würden. Die Lehren Tsongka-pas, die er vor allem in den Schriften über den »Stufenweg zum Erwachen« (*Byang-chub lam-rim*), die vier »Tantra-Stufen« (*sNgags-rim*) und das »Herz trefflicher Erläuterungen« (*Legs-bshad snying po*)[248], einem Werk über die Theorie der Einteilung von »interpretationsbedürftigen« und »definitiven« Passagen der autoritativen Texte, niederlegte, scheinen bald viele Anhänger gefunden zu haben. Zunächst nach dem neugegründeten Hauptkloster Ganden (*dGa'-ldan*) benannt, hießen sie später »Anhänger des Tugendhaften« (*dGe-lugs-pa*) und emanzipierten sich zu der bis heute bedeutsamsten Schule, die wegen ihrer Hutfarbe auch »Gelbmützen-Orden« genannt worden ist.

In die Zeit der frühen Schulbildung fällt auch eine Entwicklung, die für den tibetischen Buddhismus besonders charakteristisch geworden ist. Schon der Neffe Tsongka-pas erhielt nämlich den Ehrentitel »Edler Sieger« (*rGyal-ba rin-po-che*), da sich der Glaube bildete, der Bodhisattva Avalokiteśvara (»der [mitleidsvoll] herabschauende Herr«) inkarniere sich in den Klosteräbten von Ganden. Nachträglich wurde er als der erste »Dalai Lama« (mo.-tib.; »der weltumfassende Lama«) anerkannt, als der Mongolenfürst Altan Khan 1578 diesen Titel der dritten Inkarnation verlieh. Das Amt des Dalai Lama ist sowohl mit religiösen wie auch politischen Befugnissen versehen. Gegenwärtig ist der XIV. Dalai Lama, Tänzin Gyatso (*bsTan-'dzin rGya-mtsho*), das religiöse Oberhaupt. Mit der Okkupation Tibets durch chinesische Truppen 1950 verlor Tibet seine Autonomie. Es begann eine maoistische Zwangsreformierung der traditionellen Gesellschaft, in deren Folge der institutionalisierte tibetische Buddhismus praktisch vollständig beseitigt und ins Exil gedrängt wurde. Seit 1959 ebenfalls im Exil, versucht der XIV. Dalai Lama, einen vorsichtigen Weg zwischen notwendigen Reformen auf der einen und der Bewahrung der tibetisch-buddhistischen kulturellen Identität auf der anderen Seite einzuschlagen.[249]

China

Der Buddhismus erreichte China etwa fünfhundert Jahre früher als Tibet, d. h. zu Beginn der Han-Dynastie (25-220 u.Z.). Er gelangte über eine große Schleife um Tibet herum dorthin, nämlich vom Nordwesten Indiens zur Seidenstraße, dem bekannten Handelsweg, der sich über Zentralasien nach China erstreckte. Zu jener Zeit war China bereits ein Land reich entfalteter Traditionen. Insbesondere der Taoismus und der Konfuzianismus prägten das zeitgenössische Denken und damit auch die Begegnung mit dem Buddhismus. Der Konfuzianismus manifestierte sich in einem aristokratischen »Idealstaat«, gefestigt durch die folgende Anschauung: »Die Welt der Menschen bildet zusammen mit Himmel und Erde ein einziges, organisches Ganzes; der Herrscher, der durch das ›Mandat des Himmels‹ geheiligt ist, hat die Verpflichtung, das kosmische Gleichgewicht durch die vollkommene Ausführung seiner [...] Pflichten aufrechtzuerhalten. Deshalb ist die Autorität der kaiserlichen Regierung unbegrenzt«[250] – ein Faktum, das fortwährend zu Konflikten mit der buddhistischen Gemeinde führen sollte. Denn schon im frühindischen Selbstverständnis war diese keiner weltlichen Macht gegenüber verpflichtet. Dieser Sozialkodex brachte den neuen Mönchen vor dem Hintergrund der konfuzianischen Staatsloyalität große Schwierigkeiten: Sollte sich der Mönch vor weltlichen Autoritäten respektvoll verbeugen? Waren die Klöster steuerpflichtig? Durfte in deren Angelegenheiten, z. B. die Ordination, eingegriffen werden?[251] Auch mit der traditionellen Werteordnung, die das Zeugen von Nachkommen und die Verehrung der Ahnen vorschrieb, gerieten die Buddhisten in Konflikt.

Von taoistischen Vorstellungen, etwa dem ewigen, überpersönlichen und jenseits von Sein oder Nichts liegenden Tao selbst oder der Lebenshaltung, sich aller gewollten und bewußten Veränderung der Dinge im »Nicht-Tun« (*wu-wei*) zu enthalten, um so dem natürlichen Lauf der Dinge direkt zu entsprechen, ließen sich bessere Brücken zu den neuen Lehren schlagen. Den Gedanken der Leerheit konnte man etwa an die taoistische »Leere« anknüpfen, die im Tao-te-king mit einer Felswohnung verglichen wird: »Man meißelt Tür und Fenster aus zur Wohnung. Eben dort, wo nichts ist, ist der Wohnung Brauchbarkeit.«[252] Solche konkreten Beobachtungen und inspirierten Metaphern, die durch den Gedanken der ursprünglichen Reinheit und »Heilskräftigkeit« eines naturnahen Lebens den Status gewichtiger Argumente erhielten, sind natürlich auch in die Übersetzung und Neuschöpfung buddhistischer Texte eingeflossen. Indische Gelehrte, unter ihnen Kumārajīva, ein berühmter Mādhyamika, kamen nach China, um dort in bilingualen Teams Übersetzungen anzufertigen. In den wechselhaften Zeiten ab 220 bis zur Stabilisierung unter der Sui- und T'ang-Dynastie (Ende 5. Jh.) wurden praktisch alle indischen Entwicklungsstufen bis zu jener Zeit zugleich bekannt und verbreitet, so daß oftmals neue Versuche unternommen wurden, diese Lehren zu vereinheitlichen und zu harmonisieren.

Um das 6. Jahrhundert herum hatten sich in China mehrere philosophische Schulen gebildet, die teilweise eng mit indischen Lehren verbunden waren und diese weiter ausformten. Hierzu gehörten u. a. die »Schule der Ordensdisziplin« (*Lü tsung*), die sich auf Vinaya-Texte stützte, die »Abhidharma-Schule« (*P'i t'an tsung*), die sich auf Vasubandhus Abhidharmakośa berief, das ja auch in Tibet großes Ansehen genoß, sowie die »Schule der drei Abhandlungen« (*San-lun tsung*), das chinesische Madhyamaka. Durch Hsüan-tsang, der 645 von einer mehrjährigen Pilgerreise nach Indien mit nicht weniger als 657 Sanskrittexten nach China zurückkehrte, wurde die bekannteste der dem Yogācāra verpflichteten Schulen namens »Untersuchung der Gegebenheiten« (*Fa-hsiang*) begründet. Seine »Nur-Bewußtsein«-Lehre (*Wei-shih*) legte Hsüan-tsang in einer umfangreichen Abhandlung nieder; auch seine Reiseberichte wurden sehr populär.[253] Zum ständigen Streitpunkt mit anderen Schulen sollte die auf indische Wurzeln zurückgehende Lehre der chinesischen (und der japanischen) Nur-Geist-Schule werden, daß das Speicherbewußtsein mancher Menschen so stark karmisch besetzt ist, daß sie niemals befreit werden. Glücklicherweise hat sich die Lehre, daß bei einigen die Begierden »willentlich« präsent bleiben (skt. *icchāntika*), nicht durchgesetzt.

Die Schule des »Reinen Landes« (*Ching-t'u*) entwickelte sich aus dem indischen Glauben an ein paradiesisches »Reich« namens »das Glücksgleiche« (skt. *sukhāvatī*), das bereits Gegenstand gleichnamiger Mahāyāna-Sūtras aus dem 1. bzw. 2. Jahrhundert war.[254] Diese Sphäre, die fast unendlich weit entfernt im Westen liegt, ist dem Samsāra enthoben: Ein »himmlisches«, sorgloses und begierdefreies Leben zeigt es dem, der es meditativ visualisiert bzw. später dort wiedergeboren wird. In ihm residiert der Buddha Amitābha, der ja im Zusammenhang mit der Mandala-Symbolik bereits erwähnt wurde. Er manifestiert sich als »unermeßlicher Glanz« (skt. *amitābha*), der den Adepten und alle Weltenräume als Licht der Weisheit durchdringt. Im »Längeren Sukhāvatīvyūha-Sūtra« nimmt der (spätere) Amitābha noch als Mönch mehrere Gelübde auf sich, die, da er Buddha geworden ist, nun den Gläubigen zum heilsbringenden Leitfaden dienen, etwa, daß der »Geist« für das Buddha-Reich »entstehen« (skt. *cittotpāda*) muß. In der chinesischen Übersetzung wurde daraus allerdings die Variante, daß im gläubigen Vertrauen der Name Amitābhas (*A-mi-t'o-fo*) anzurufen sei.[255] Auch wenn diese Schule durchaus philosophische Vertreter hervorbrachte, ist dieses volksfrömmige Moment sowohl in China als auch in Japan besonders populär geworden.

Die Schule der »Himmlischen Terrasse« (*T'ien t'ai*), benannt nach dem Berg, auf dem ihr Gründer Chih-i im 6. Jahrhundert lebte, bezog sich maßgeblich auf das »Lotos-Sūtra«, in dem sie den letzten, höchsten und inklusivistischen Ausdruck einer fünffachen Stufung der Lehrperioden Buddhas sah.[256] Gemäß dieser Lehre ist durch die »geschickten Mittel« niemand vom Heil ausgeschlossen, da die universale Erlösungsmöglichkeit jeden einschließt. Innovativ wurde Chih-i mit der Einführung von drei Wahrheitsebenen: Nach der Wahrheit der Leerheit sind alle Gegebenheiten, da abhängig entstanden, leer. Nach der konventionellen Wahrheit sind sie aber – vorübergehend – lebenswirklich existent. Beide Ebenen kommen aber in der dritten Wahrheit überein, wenn alles in seiner Soheit als leer und existent *in einem Geist* verortet wird.[257] Wie Vasubandhu postuliert Chih-i einen Erkenntnisprozeß, durch den sich die einheitsstiftende Einsicht einstellt: Zunächst verläßt man das Relative und erkennt die Leerheit; dann kehrt man zum Relativen zurück und erkennt, daß auch die Leerheit relativ ist – die dritte, mittlere Wahrheit (Buddhas) scheint auf, die es ermöglicht, den Aspektwechsel bewußt zu vollziehen.[258] Wie die drei Wahrheiten wechselseitig miteinander verknüpft und letztlich eins sind, so ist auch der ganze Kosmos – ein unfaßbares Reich tausender Welten – nach einem charakteristischen Ausspruch dieser Schule in einem Gedanken enthalten. Mystisch-meditative Einsichten wurden so in dieser Schule mit Nāgārjunas Lehren der transformierenden Erkenntnis zu einer Einheit verschmolzen, die bis hin zur heutigen japanischen Tendai-Schule viele Anhänger gefunden hat.

Die letzten beiden Schulen, die hier Erwähnung finden sollen, sind die der »Blumengirlande« (*Hua-yen*, jap. *Kegon*) und die der

»Meditation« (*Ch'an*, jap. *Zen*). Nach D.T. Suzuki gehören sie insofern zusammen, als das Hua-yen der theoretische und das Ch'an der praktische Höhepunkt des chinesischen und japanischen Buddhismus seien, die sich so zueinander verhielten, daß die »Philosophie des Zen Kegon ist und die Lehre des Kegon ihre Früchte im Zen-Leben trägt«[259].

Das Hua-yen wurde Anfang des 7. Jahrhunderts durch Tu-shun begründet, der die im »Blumengirlanden-Sūtra« (skt. *Avataṃsaka-Sūtra*)[260] enthaltene Lehre aufgriff, nach der das gesamte Universum – im Größten wie im Kleinsten – eine Manifestation des Buddha Vairocana ist. Der berühmteste Vertreter dieser Schule war Fa-tsang (643-712). Nach G.C.C. Chang können die grundlegenden Gedanken des Hua-yen »in zwei Formulierungen zusammengefaßt werden: gegenseitige Durchdringung (oder gegenseitiges Ineinander-Eingehen) und wechselseitige Identität«[261]. Der Kosmos der Gegebenheiten (skt. *dharmadhātu*) ist in dieser Sicht ein sich selbst erzeugender Prozeß, in dem sich alles wechselseitig und gleichzeitig hervorbringt. Mit einer eindrucksvollen Demonstration hat Fa-tsang der Überlieferung nach der Kaiserin Wu Tse-t'ien diesen Gedanken veranschaulicht: Er postierte in einem Raum an allen vier Wänden, in den vier Ecken, auf dem Boden und an der Decke große Spiegel. In die Mitte dieser Rauminstallation stellte er eine Buddhastatue und ein Licht. Wie nun jeder Spiegel in dem Moment, wo das Licht entzündet wird, zugleich unendlich viele Spiegel und gespiegelte Buddhas in sich zeigt, so durchdringt sich auch – für den, der »sehen« gelernt hat – wechselseitig alles andere.[262] Zu diesem modern anmutenden Gedanken kam das Hua-yen durch eine Synthese mehrerer Lehren: Durch die nicht-duale Leerheit der Dinge und die drei Seinsweisen des Yogācāra gibt es keine Behinderung zwischen dem »Prinzip« (*li*) und den »Geschehnissen« (*shih*), dem Bestimmen und dem Bestimmt-Werden, dem

Einen und den Vielen usw. Die »Nicht-Behinderung von Geschehnissen unter Geschehnissen« (*shih-shih wu-ai*)[263], d.h. das widerstandslose Durchdringen von Gegenständen wie Ereignissen zu behaupten, ließ sich aus einer fruchtbaren Synthese des Denkens der indischen und chinesischen Tradition entwickeln. Begründen konnte man es auch hier mit dem zentralen Gedanken des abhängigen Entstehens (chin. *yüan-ch'i*). Dabei setzte man die Frage nach der Existenz des abhängig Entstandenen innovativ in die Form des Tetralemmas ein: Existiert es? – Nein, da es leer ist (wie schon bei Nāgārjuna). – Existiert es nicht? – Nein, weil das »abhängige Entstehen« selbst anfangslos existiert. – Ist es sowohl existent als auch nicht existent? – Nein, da dies jenseits der Dualität ununterscheidbar ist (wie oben die gespiegelten Spiegel-Buddhas). – Ist es weder existent noch nicht existent? – Nein, da beides sich nicht behindert bzw. ausschließt.[264]

Vor diesem Hintergrund verschob sich natürlich auch das theoretische Erlösungsziel: Der »einzelne« muß erkennen, daß er von allem anderen hervorgebracht wird, wie er ebenso selbst alles andere hervorbringt. Fehlt auch nur eine Kleinigkeit, »ist« er nicht (der, der er »ist«). Der Egozentrismus wird gesprengt und die Integration in das positive Ganze vollzogen, das auf geradezu ökologische Weise vernetzt ist. Denn die Gesamtheit bzw. Ganzheit wird in jedem einzelnen sichtbar.[265] Er übersteigt damit auch die Gegenwart, da sich Vergangenheit, Gegenwart und Zukunft ebenfalls wechselseitig durchdringen. Als Weg dahin erscheint wieder die Versenkung. So sagt Fa-tsang: »Kraft des Meeresspiegel-Samādhi tritt [...] alles und jedes [im *dharmadhātu*] gleichzeitig ins Blickfeld gleich Spiegelungen in einem Spiegel.«[266]

Die Schule der »Meditation« (*Ch'an*) wurde zwar erst durch Hui-neng (638-713) gewissermaßen »selbständig«, proklamiert aber eine eigene Übertragungslinie, die bis auf Buddha zurückgehen soll. Jenseits der Schriften habe er einen Jünger, Mahākāśyapa, eigens unterwiesen, dieser wiederum Ānanda usw. Die berühmte »erste Unterweisung« ist nicht nur ein Gründungsmythos, sondern zugleich ein authentischer Ausdruck des Zen:

»Einst trug Śākyamuni auf dem Berg Lin-shan einer großen Menge seine Lehre vor. Als er geendet hatte, nahm er eine [...] Blume und zeigte sie der Menge, ohne ein Wort zu sagen. Alle verharrten in Schweigen. Nur der Verehrungswürdige Kāśyapa lächelte. – Śākyamuni indes sagte: ›Mein ist das Geheimnis des rechten Dharma-Auges, das wunderbare Begreifen des *nirvāṇa*, das die Erkenntnis des Gestaltlosen eröffnet, keiner Worte und Buchstaben bedarf und außerhalb der Schriften weitergegeben wird. Dies Geheimnis vertraue ich nun Kāśyapa an.‹«[267]

Nāgārjuna erscheint als der 14., und Vasubandhu als 21. »Patriarch« dieser Linie. Der 28. Patriarch, der (mythische?) Bodhidharma, soll die Lehre um das 6. Jahrhundert nach China gebracht haben. Dort entwickelten sich zwischen dem 8. und 12. Jahrhundert mehrere Schulen dieser Richtung, die eine Vielzahl von Anhängern fanden. Im 12. Jahrhundert gelangten einige nach Japan, wo sie sich als Zen lebendig weiter entfalteten.

Der Ch'an- bzw. Zen-Buddhismus ist durch seine frappierenden Methoden für den Westen ein »Stein des Anstoßes« geworden, dessen »Härte« zumeist mit Faszination oder vollständiger Ablehnung begegnet worden ist. Ich möchte den Leser zunächst bitten, sich die in der Vorbemerkung dargelegten Schwierigkeiten nochmals zu vergegenwärtigen, mit denen eine Darstellung des Buddhismus konfrontiert wird: Sie werden insbesondere beim Zen offenbar. Oft als eine »Revolution«[268] innerhalb des Buddhismus bezeichnet, sollte er vielleicht besser als eine auf der chinesischen Lebenshaltung basierende Radikalisierung vorhandener buddhistischer Anliegen gesehen werden. Ein Schwerpunkt der neuen Grundhaltung ist im Zusammenhang mit der Samye-Debatte in Tibet angedeutet worden: das direkte, unvermittelte und augenblickshafte Erwachen, das die Ch'an-Buddhisten anstreben. Die im Mahāyāna verbreitete Vorstellung, daß erst durch das graduelle Abschreiten eines Weges, etwa der Vervollkommnung von Bodhisattva-Tugenden, das Ziel erreicht werden kann, wird also radikal in Frage gestellt. Denn die Dialektik von Weg und Ziel (oder Ursache und Wirkung) beruhe ihrerseits noch auf den Vorstellungen, daß es eine zeitliche Abfolge und ein schrittweises Offenbaren des immer schon Ganzen und Unteilbaren überhaupt gebe. Diese Dialektik wird nicht nur im Ch'an aufgegeben. Auch Fa-tsang hält dagegen: »Beim ›ersten Entstehen des Gedankens‹ [*ch'u-fa-hsin*] wird sogleich die höchste Erleuchtung vollendet.«[269] Die Frage stellt sich daher anders: Wie kann in einem dezentralen Universum, das letztlich anfangslos mit dem »erwachten Geist« identisch und somit frei von »zielgerichteten Wegen« ist, der Durchbruch zum Erwachen verwirklicht werden? Jeder alltägliche Ort ist dann der ausgezeichnete und absolute Ort; jeder weltliche Geisteszustand kann Ort des Umschlags sein. Die Frage, die sich jeder selbst stellen sollte, lautet schlicht: »Wer bin ich?« Die »philosophischen« Fragen nach dem Wesen der Buddhaschaft oder dem Heilsweg werden damit aus den Angeln gehoben. »Wer bin ich?« zeigt direkt auf das »höchste Ziel«: »zu wissen und zu begreifen, wer man jenseits ›des Bereichs der Vernunft‹, das heißt, jenseits der Subjekt-Objekt-Struktur der Verstandestätigkeit ist«[270].

Um eine blitzartige Einsicht zu provozieren, die das Gefüge der »ego-logischen« Konstrukte zu durchbrechen vermag, antworten die Ch'an-Meister auf die Fragen ihrer Schüler in »paradoketischer« Weise, um den Frager auf sich selbst zurückzuwerfen. Manche – insbesondere in der Schule, die auf Lin-chi (jap. *Rinzai*) zurückgeht – reagieren sogar brachial, indem sie den Schüler anbrüllen, ihm eine Ohrfeige oder einen Stockschlag geben etc. Diese Situationen bzw. Wortwechsel wurden später gesammelt und systematisch eingesetzt, indem sie dem Schüler »aufgegeben« werden. Solche Aufgaben heißen Kōan (chin. *kung-an*, wörtl. »öffentliche Bekanntmachung«[271]). Sie sollen den »großen Zweifel« hervorbringen, indem sie, einem Gleichnis zufolge, wie eine glühende Eisenkugel so im Mund steckenbleiben, daß sie weder verschluckt noch ausgespuckt werden können. So fragt ein Meister etwa: »Was ist dein ursprüngliches Gesicht vor der Geburt?«; und Hakuin, ein später japanischer Meister, prägte die Aufgabe: »Hör den Klang einer einzelnen Hand!«[272] Zwei der wichtigsten und schönsten Kōan-Sammlungen sind die »Niederschrift von der Smaragdenen Felswand« (*Bi-yen-lu*) und das »Ohne Tor: Schranke« (*Wu-men kuan*)[273], dessen Titel programmatisch als »Zutritt nur durch die Wand« (W. Liebenthal) gedeutet werden kann.

Ab dem 11. Jahrhundert erstarkte in China die neokonfuzianische Bewegung, und der Buddhismus fand in den folgenden Jahrhunderten immer weniger Anhänger, ohne allerdings je vollständig zu verschwinden.[274] Im 20. Jahrhundert insbesondere zu Zeiten der »Kulturrevolution« (1965-1969) Verfolgungen ausgesetzt, scheint der Buddhismus durch das tolerantere politische Klima in den letzten Jahren wieder leicht aufzuleben.[275]

Japan

Der Buddhismus gelangte einer Staatschronik zufolge etwa um die Mitte des 6. Jahrhunderts über Korea nach Japan.[276] Zunächst wurde er nur in den adeligen und kaiserlichen Familien aufgenommen, die in ihm, ähnlich wie beim etwa zeitgleichen Geschehen in Tibet, einen kulturellen Katalysator sahen: Sozialsystem, Schrift, Architektur und Kunst sowie verschiedene Wissenschaften ließen sich mit der buddhistischen Inkulturation übernehmen. Viele Vertreter der einheimischen Religion(en), d.h. der aus vielfältigen Verehrungsformen bestehenden Kulte um lokale »Gottheiten« (jap. *kami*), die sich in numinos erfahrenen Flüssen, Bergen usw. manifestieren, scheinen ihm hingegen reserviert begegnet zu sein.

Unter dem Prinzregenten Shōtoku Taishi (574-622) wurde der Buddhismus entscheidend gefördert, allerdings auch staatlicherseits genutzt und kontrolliert. In einer 604 erlassenen Verfassung wurden buddhistische wie konfuzianische Ideen, z.B. das Ideal toleranter Harmonie, programmatisch nebeneinandergestellt. Diese staatliche Inanspruchnahme prägte den japanischen Buddhismus ebenso wie die Überformung lokaler Kulte und Gottheiten. Der mahāyānistische Gedanke einer in jedem ursprünglich angelegten Buddhaschaft, der in China bereits auf diesseitige Lebensstile ausgedehnt worden war, führte in Japan dazu, daß Laien, die ihren Glauben außerhalb der Mönchskloster praktizierten, ihre Lebensform weitgehend beibehalten konnten. Wichtige Merkmale des japanischen Buddhismus bereiten sich schon hier vor: die Anknüpfung an traditionelle japanische Familienstrukturen (z.B. den Ahnenkult), die enge Anbindung an den Staat und seine Funktionen, der adelige Charakter und die besondere Stellung der Ästhetik und Kunst.

In der Nara-Zeit (710-794) begann die weiträumige Verbreitung des Buddhismus. In den Provinzen wurden Mönchs- und Nonnentempel errichtet, in denen Sūtren auch zum Schutz des Staates rezitiert wurden. Den zentralen Hoftempel selbst, den Tōdai-ji in Nara, ließ der Kaiser Shōmu – effektbewußt?[277] – mit einer über vierzehn Meter hohen vergoldeten Statue des Buddha Vairocana ausstatten, der ja, gemäß der Kegon-Lehre, in allem erstrahlt, wie auch alles in ihm widerscheint. Die Kegon-Schule gehört zu den sechs Nara-»Schulen« (*shū*), die um 750 in Dokumenten erstmals genannt werden. Diese scheinen zunächst aus

Studienzentren bestanden zu haben, bevor einzelne von ihnen eigene Organisationen bildeten. Zu ihnen gehören: 1. die Sanron-shū, die das sino-indische Madhyamaka, San-lun, weiterführt, 2. die Jōjitsu-shū, die auf der hīnayānistischen Sautrāntika-Lehre im *Satyasiddhiśāstra* (»Traktat über die Begründung der Wahrheit«) des Harivarman aufbaut, 3. die Hossō-shū, »Schule der Dharma-Eigenschaften«, die den sino-indischen Vijñānavāda des Hsüan-tsang lehrt, 4. die Kusha-shū, die wie die chinesische »Abhidharma-Schule« (*P'i t'an tsung*) hauptsächlich Vasubandhus *Abhidharmakośa(bhāṣya)* studiert, 5. die Kegon-shū und 6. die Ritsu-shū, entsprechend der chinesischen Vinaya-Schule Lü-tsung.[278]

Drei dieser Schulen (Hossō, Kegon und Ritsu) bestehen bis auf den heutigen Tag, während die anderen Schulen teilweise in diese aufgingen. Das Sanron konnte sich vermutlich nicht als eigene Tradition halten, da es einen theoretisch-metaphysischen »Nährboden« benötigt: »Mit dem Aneignen [...] der Theorien sogleich ihre Destruktion zu betreiben war in dieser Situation nicht der attraktivste Ansatz.«[279] Die Nara-Zeit zeichnete sich nicht nur durch die Koexistenz der verschiedenen buddhistischen Lehren, die oft parallel studiert wurden, aus. Auch die lokalen shintōistischen Traditionen gingen eine wechselseitige Verbindung mit dem Buddhismus ein. Shintō-Schreine befanden sich z. B. in buddhistischen Klosteranlagen, wo Shintō-Gottheiten als Beschützer angerufen wurden.[280]

In der Heian-Zeit (794-1185) begann der japanische Buddhismus eine spezifisch eigene Gestalt zu entwickeln, indem durch Saichō (767-822) die Tendai- und durch Kūkai (774-835) die Shingon-Schule begründet wurde. Beide nahmen an einer Gesandtschaft nach China teil, um dort Unterweisungen zu erhalten und Schriften zu kopieren. Während Saichō sich hauptsächlich mit der T'ien-t'ai-Lehre befaßte, wurde Kūkai dort in das Tantra eingeführt. Diese tantrische Schule des »Wahren Wortes« (*shingon*, chin. *ch'eng-yen*) hatte in China keine große Bedeutung, wurde aber durch Kūkai in Japan sehr populär. Ihre neuen Lehren, beidesmal Kombinationen bestehender Schulrichtungen, verkündeten Saichō und Kūkai in Tempelanlagen, die sie auf Bergen anlegten. Allerdings waren ihre Zugangsweisen sehr unterschiedlich: Während Saichō die Lehre, daß jeder die Buddhaschaft in sich trage, mit den Anschauungen des Kegon und Tantra (Shingon) intellektuell zu vereinen suchte, strebte Kūkai nach einer mystisch erfahrbaren, allumfassenden Synthese. Die klassischen Elemente des Tantra – Mantras, Mūdras, Mandalas – ordnete er zu einem Ganzen, dessen Mitte nach dem *Mahāvairocana-Sūtra*[281], dem autoritativen Text des Ch'eng-yen und Shingon, von Buddha Vairocana eingenommen wird. Den »Wahren Wörtern« kommt dabei die Funktion des zentralen Mediums zu, vermittels derer der Adept körperhaft und geistig den Körper und Geist von Dainichi-nyorai (Vairocana) erreicht bzw. seine Identität mit ihm erfährt: »Die Empfänger der wahren Wörter müssen [...] für sich verwirklichen, daß Buddha zu ihnen spricht, genauer: sie und sich ausspricht, indem er zu ihnen und sich spricht.«[282]

Die Komplexität der Tendai- und Shingon-Lehren wie auch der apokalyptische Glaube, daß im 11. Jahrhundert die »Endzeit der buddhistischen Lehre« (jap. *mappō*) angebrochen sei[283], waren der Etablierung der Schulen vom »Reinen Land« (chin. *ching-t'u*, jap. *jōdo*) zuträglich, die unter anderem mit der Praxis der Wiederholung von »Verehrung sei Buddha Amitābha« (*namu-amida-butsu*) von jenem errettet zu werden hofften.[284] Die heilsrelevante Bewegungsrichtung wird also umgedreht: Anstelle der Befreiung aus »eigener Kraft« (jap. *jiriki*), wie sie exemplarisch im Zen vollzogen wird, steht der Glaube an die »Kraft des anderen« (*tariki*), des Amida. Zur eigenständigen Schule wurde die Jōdoshū durch Hōnen (1133-1212). Shinran-Shōnin (1173-1262) spaltete später die »Wahre Schule vom Reinen Land« (*jōdoshinshū*) ab [285], die im heutigen japanischen Buddhismus die meisten Anhänger hat.

Eine weitere Vereinfachung institutionalisierter Lehren wurde durch Nichiren (1222-1282) vorgenommen. Zunächst im Tendai ausgebildet, legte er das Lotos-Sūtra radikal als die eine und einzige Wahrheit zugrunde und behauptete, daß allein durch die Verehrung der Schrift und das Aussprechen ihres Titels die Erlösung erlangt werden könnte. Bedeutsam wurde diese Lehre vor allem durch die Übertragung auf die zeitgeschichtliche Situation Japans: Nichiren stellte sich den Auftrag, als Bodhisattva der »Nation den Frieden zu bringen«, indem er den Staat religiös reformieren wollte. Dies führte auch dazu, daß »er und bestimmte Zweige seiner Sekte in jüngerer Zeit mit nationalistischen Tendenzen« [286] auftraten.

Die Schule, die als bekannteste oft fälschlich mit dem japanischen Buddhismus schlechthin identifiziert wird, ist die des Zen. In Japan etablierten sich insbesondere zwei Traditionen: Eisai (1141-1215) begründete das Rinzai-Zen (chin. *Lin-chi ch'an*) mit seinen provokant paradoxen Methoden des Anschreiens, der Schläge und der Kōan-Praxis, Dōgen (1200-1253) das Sōtō-Zen (chin. *Tsao-tung ch'an*), das die Praxis des bloßen »Sitzens-in-Meditation« (jap. *zazen*) verfolgt. Dōgen hat durch seine Werke auch im Westen große Berühmtheit erlangt, insbesondere durch seine Gedanken zur Relation zwischen Übung und »Erwachen« (jap. *satori*) sowie zur »Sein-Zeit« (jap. *uji*). [287] Er stellt sich im *Shōbōgenzō* die Frage, ob das Ziel (Erwachen) vom Weg, also der meditativen und ethischen Realisierung, getrennt werden könne, wenn alle Menschen doch »ursprünglich erwacht« sind. Sein Schluß ist, daß »Üben nicht *zum* Erwachen *führt*, sondern daß *im Zustand* des Erwachtseins geübt wird, andernfalls es nicht

Üben ist«[288]. Weg und Ziel werden miteinander kurzgeschlossen. Existentiell gesehen ist damit im ersten Augenblick der Übung das Erwachen vollständig erreicht: Der Weg »anhaltenden Übens« (*gyōji*) »verläuft im Kreis und ist ohne Unterbrechung; [zwischen] ›Entschluß‹ [...], Üben, Erwachen und Nirvāna ist nicht die geringste Kluft«[289]. Das Ziel liegt im Weg selbst, und der Weg ist nie zu Ende, weil das Ziel immer schon erreicht ist. Dōgen führt hier nochmals vor, wie wesentlich die eigene Erfahrung ist, die nur durch den Sprung in die Übung erreicht wird: »Zwar tragen das Innere des Staubes (d.i. die Alltagswelt) und das Jenseits der Ordnungen (d.i. die Welt des Erwachtseins) viele Gesichter – einer sieht und begreift aber nur, soweit sein in der Übung erfahrener Blick reicht.«[290] Dem Erfahrenden erst öffnet sich das »Jetzt« – er springt sozusagen vom »jetzt« ins »Jetzt«, wenn er das »erwachte Üben« täglich praktiziert. Es ist nochmals der buddhistische Aufruf, das erst eigentlich zu lernen und einzuüben, was »man« täglich tut.

Wir halten hier in der Darstellung inne, denn im 13. Jahrhundert sind die prägenden Entwicklungslinien des japanischen Buddhismus schon deutlich vorhanden. Eine besondere Situation ergab sich indes während der Öffnung Japans zur Meiji-Zeit (1868), da in ihr die Auseinandersetzung mit der europäischen Moderne einsetzte. Erstmals entstand innerhalb des Buddhismus das Bedürfnis, die eigene Tradition historisch und philologisch zu erforschen, d.h. eine »Buddhologie« (jap. *bukkyōgaku*) zu begründen. Zugleich befaßten sich japanische Buddhisten mit dem Christentum, der Philosophie, Psychologie und den Naturwissenschaften. Es begann ein Dialog, der auf beiden Seiten wichtige Reflexionen in Gang gesetzt hat.

Stellvertretend für viele andere sei D.T. Suzuki genannt, dessen Schriften und Vorträge den Zen-Buddhismus im Westen bekannt werden ließen, oder S.-I. Hisamatsu, der versuchte, die Schwierigkeiten der europäischen Moderne aus buddhistischer Perspektive zu erfassen, um den Weg des Zen dieser neuen geschichtlichen Situation anzupassen. Er sagte etwa, daß »das mittelalterliche Menschsein einem Ring gleiche, der nur aus der Schnur der Gebetskette – ohne Kugeln – gebildet ist. Die neuzeitliche Existenz bestehe hingegen nur aus den einzelnen Kugeln. Erst die ›postmoderne‹ Existenz des Menschen – d. h. für ihn: Menschsein im Sinne eines ›geschichtsbewußten‹ Zen – bestehe aus beidem.«[291]

Die komplexe Vielfalt der buddhistischen Psychologie und Philosophie, die sich dem Blick zurück darbietet, begleitete, wie gesagt, die Ausdifferenzierung der Befreiungswege. Im Sinne dieser Einführung lag es, zum einen diese Vielfalt ohne große Wertungen bestehen zu lassen, und zum anderen die philosophischen Linien und Leitideen der buddhistischen Tradition herauszustellen. Ich hoffe, daß das Interesse des Lesers geweckt worden ist, sich selbst mit den reichen Quellen zu befassen, um zu eigenen Deutungen oder Anknüpfungspunkten zu kommen.

»Ein Weiser fragte den Buddha: Welches Gesetz hast du gestern gepredigt? Der Buddha antwortete: Dasselbe Gesetz wie immer. – Und welches Gesetz wirst du heute predigen? – Nicht dasselbe Gesetz. – Warum? – Weil das, was gestern dasselbe Gesetz war, heute nicht mehr dasselbe Gesetz ist.«[292]

Anhang

Anmerkungen

1 Wu-men Hui-k'ai, Ch'an-tsung Wu-men kuan. Zutritt nur durch die Wand, übers. von W. Liebenthal, Heidelberg 1977, S. 113.
2 Ebenda, S. 126.
3 L. Wittgenstein, Briefe, hrsg. von J. Schulte, Frankfurt/M. 1980, S. 78.
4 Th.W. Adorno, Minima Moralia, Frankfurt/M. 1980, S. 88.
5 Siehe R.K. Heinemann, Der Weg des Übens im ostasiatischen Mahāyāna, Wiesbaden 1979, S. 1-19.
6 Beiträge zu dieser Diskussion findet man in: H. Bechert (Hg.), Die Datierung des historischen Buddha, 2 Bde., Göttingen 1992.
7 Ausführliche Biographien Buddhas: siehe Literaturhinweise.
8 Siehe z.B. MN 96, übers. von K. Mylius, Die Vier Edlen Wahrheiten, 5. Aufl., München 1994, S. 179-186.
9 Siehe hierzu I. Pyysiäinen, Beyond Language and Reason. Mysticism in Indian Buddhism, Helsinki 1993.
10 AN III, 66, übers. von Nyāṇatiloka, Die Lehrreden des Buddha aus der Angereihten Sammlung, Bd. 1, Köln 1969, S. 168.
11 Z.B. DN 1, übers. von R.O. Franke, Dīghanikāya. Das Buch der langen Texte des Buddhistischen Kanons, Göttingen 1913, S. 25.
12 SN 1, 62, zit. nach: M. Eliade, Yoga. Unsterblichkeit und Freiheit, Frankfurt/M. 1986, S. 188. Das Zitat spielt auf die »Vier Edlen Wahrheiten« (s.u.) an.
13 Ausgelassen werden der Übersichtlichkeit halber die Einflüsse des Sāṃkhya und anderer zeitgenössischer Lehren auf den frühen Buddhismus.
14 Bṛhadāraṇyaka-Up. 3.4.2, zit. nach: L. Gabriel, Einführung, S. XXIV, in: E. Frauwallner, Geschichte der indischen Philosophie, Bd. 1, Salzburg 1953, S. 80.
15 Chāndogya-Up. 7.24.1, übers. von P. Deussen, Sechzig Upanishad's des Veda, 2. Aufl., Leipzig 1905, S. 185.
16 Chāndogya-Up. 6.8.7 ff., vgl. ebenda, S. 166 ff.
17 Bṛhadāraṇyaka-Up. 3.2.13, vgl. ebenda, S. 433.

18 Vgl. M. Eliade, Yoga, a. a. O., S. 190.
19 Chāndogya-Up. 6.1.3 ff., zit. nach: S. Schayer, O filozofowaniu Hindusów. Artykuly wybrane, Warschau 1988, S. 367.
20 Taittirīya-Up. 2.3; vgl. Poṭṭhapadā-Sutta, übers. von P. Dahlke, Buddha. Die Lehre des Erhabenen, München 1960, S. 430-450.
21 Das Wort »Yoga«, »Anjochung«, »Zügelung«, abgeleitet aus der Wurzel *yuj* (»anjochen«), ist mit dem dt. »Joch« sogar sprachverwandt: Vgl. M. Eliade, Yoga, a. a. O., S. 12.
22 Kauṣītakī-Up. 3.2, übers. von P. Deussen, Sechzig Upanishad's, a. a. O., S. 44.
23 M. Eliade, Yoga, a. a. O., S. 64.
24 Yogasūtra II, 29, zit. nach: B. Bäumer (Hg.), Die Wurzeln des Yoga. Die Yoga-Sūtren des Patañjali, übertr. und komm. von P.Y. Deshpande, 7. Aufl., Bern u. a. 1993, S.115; vgl. J.W. Hauer, Der Yoga. Ein indischer Weg zum Selbst, 2. Aufl., Stuttgart 1958, S. 247.
25 J.W. Hauer, Der Yoga, a. a. O., S. 340 f.
26 Vgl. zu dieser offenen Frage: G. Oberhammer, Die Gotteserfahrung in der yogischen Meditation, in: Offenbarung als Heilserfahrung, hrsg. von W. Strolz/S. Ueda, Freiburg u. a. 1982, S. 145-166.
27 Vgl. G. Feuerstein, The Philosophy of Classical Yoga, Manchester 1980, S. 1-14, 104.
28 Vgl. die Predigt von Benares (SN 56, 11), übers. von K. Seidenstükker, Pāli-Buddhismus in Übersetzungen, 2., verb. Aufl., München/Neubiberg 1923, S. 4 f.; und Aristoteles, Nikomachische Ethik, Buch II, 2.
29 DN 1, übers. von R.O. Franke, Dīghanikāya, a. a. O., S. 24.
30 Vgl. SN 12, 17; sowie D.J. Kalupahana, Causality. The Central Philosophy of Buddhism, Hawaii 1975, S. 58.
31 DN 2, übers. von R.O. Franke, Dīghanikāya, a. a. O., S. 56.
32 Ebenda, S. 58.
33 Vgl. D.J. Kalupahana, Causality, a. a. O., S. 32-37. Vgl. auch A.L. Basham, History and Doctrines of the Ajīvikas, London 1951, S. 224 ff.
34 Vgl. C. Vogel, The Teachings of the Six Heretics, in: Abh. für die Kunde des Morgenlandes 39, 4, 1970, S. 24, Fußnote 24.
35 DN 2, übers. von R.O. Franke, Dīghanikāya, a. a. O., S. 60.
36 Ebenda, S. 62.
37 B.K. Matilal, Logic, Language and Reality. Indian Philosophy and Contemporary Issues, 2. Aufl., Delhi 1990, S. 302. In der nördlichen Überlieferung, wie sie in der tibetischen Tradition erhalten geblieben

ist, ähnelt das Schema sogar noch mehr der buddhistischen Fassung: vgl. C. Vogel, The Teachings, a.a.O., S. 34.

38 Siehe R.O. Franke, Dīghanikāya, a.a.O., S. 30, Fußnote 5.

39 Vgl. MN 72, übers. von I.B. Horner, Majjhimanikāya, Bd. 2, a.a.O., S. 162-167.

40 Vgl. K.R. Norman, Pāli Literature, Wiesbaden 1983, S. 1-6. Zu den kanonischen Texten anderer Schulen siehe z.B. die Arbeiten von E. Waldschmidt.

41 Die Ergebnisse dieses Ansatzes charakterisiert: L. Schmithausen, An Attempt to Estimate the Distance in Time between Aśoka and the Buddha in Terms of Doctrinal History, in: H. Bechert (Hg.), Die Datierung, Teil 2, a.a.O., S. 110 ff.

42 Einen guten Überblick über die kanonischen Texte gibt: U. Schneider, Einführung in den Buddhismus, Darmstadt 1993, S. 161-168.

43 So ist z.B. der exegetische Leitfaden, daß das Einfache die Vorstufe des Differenzierten sei, in bezug auf die verschiedenen Darstellungen des buddhistischen Heilsweges nur bedingt anwendbar, da komplexere Konzepte ja als Ganzes aus vorbuddhistischer Zeit stammen könnten. Vgl. H. Eimer, Skizzen des Erlösungsweges in buddhistischen Begriffsreihen, Bonn 1976, S.10 ff.

44 Z.B. DN 22, zit. nach: K. Mylius, Vier Edle Wahrheiten, a.a.O., S. 119.

45 SN 56, 11, übers. von K. Seidenstücker, Pāli-Buddhismus, a.a.O., S. 5.

46 DN 22, übers. von K. Mylius, Vier Edle Wahrheiten, a.a.O., S. 120.

47 Siehe Mahāvagga I, 6, 38 ff., übers. von K. Seidenstücker, Pāli-Buddhismus, a.a.O., S. 22.

48 Siehe etwa das Cakkavatti-Sīhanāda-Sutta, DN 26, übers. von R.O. Franke, Dīghanikāya, a.a.O., S. 260-272; R. Gombrich, Der Theravada-Buddhismus. Vom alten Indien bis zum modernen Sri Lanka, Stuttgart 1997, S. 59 ff., 80 ff.

49 Vgl. G. Mensching, Soziologie der Religion, 2. Aufl., Bonn 1968, S. 103 ff.; und H.-J. Klimkeit, Buddha, a.a.O., S. 13 ff.

50 Vgl. E. Frauwallner, Geschichte, Bd. 1, a.a.O., S. 210-214.

51 Vgl. T. Vetter, The Ideas and Meditative Practices of Early Buddhism, Leiden 1988, S. XXXIV ff., 35-60.

52 H.-J. Klimkeit, Buddha, a.a.O., S. 162.

53 Vgl. T. Vetter, The Ideas, a.a.O., S. XXVII.

54 E. Frauwallner, Geschichte, Bd. 1, a.a.O., S. 185 f.; R.O. Franke, Dīghanikāya, a.a.O., S. 134.

55 H. Eimer, Skizzen, a. a. O., S. 32.

56 Z.B. im Mahayannasutta, AN IV, 41, übers. von P. Dahlke, Buddha, a. a. O., S. 329. Vgl. auch H.-J. Klimkeit, Buddha, a. a. O., S. 167.

57 Zur Diskussion, ob diese Ethik »ökologische« Erwägungen einbezieht, vgl.: L. Schmithausen, Buddhism and Nature, Tokio 1991.

58 Um der Verwechslung des *dharma* (»Gesetz«, »Lehre«) mit den *dharmas*, den »Gegebenheiten« – vereinfacht: alle Dinge, die als Objekte des Denkens oder Bewußtseins die Welt ausmachen –, vorzubeugen, werden letztere im Plural (*dharmā[ḥ]*) wiedergegeben.

59 Vgl. MN 4, übers. von I.B. Horner, Bd. 1, a. a. O., S. 21-30.

60 SN 56, 11, zit. nach: H. Eimer, Skizzen, a. a. O., S. 25.

61 DN 2 (vgl. DN 3, MN 27, 38, u.ö.), übers. von R.O. Franke, Dīghanikāya, a. a. O., S. 83. Siehe zu diesen Passagen auch: L. Schmithausen, On some Aspects of Descriptions or Theories of »Liberating Insight« in Early Buddhism, in: Studien zum Jainismus und Buddhismus, hrsg. von K. Bruhn/A. Wetzler, Wiesbaden 1981, S. 199-250.

62 Vgl. MN 44, übers. von I.B. Horner, Bd. 1, a. a. O., S. 360-368; vgl. H. Eimer, Skizzen, a. a. O., S. 36; dazu MN 117, erläutert von U. Schneider, Einführung, a. a. O., S. 76 ff.

63 DN 16 (Mahāparinibbāna-Sutta), zit. nach: H. Eimer, Skizzen, a. a. O., S. 35.

64 Übers. nach dem Text von O. von Hinüber/K.R. Norman (Hg.), Dhammapāda, Oxford 1995, S. 105. Vgl. R.O. Franke, Dhamma-Worte, Jena 1923, S. 84.

65 H. Oldenberg, Buddha, Stuttgart/Berlin 1959, S. 267 f. (1. Aufl.: Berlin 1881); vgl. F. Mistry, Nietzsche and Buddhism, Berlin/New York 1981, bes. S. 16 f. (Nietzsches Kenntnisse), S. 51-79 (zum Begriff der Person); sowie insgesamt G. Parkes (Hg.), Nietzsche and Asian Thought, Chicago 1991.

66 Vgl. S. Collins, Selfless Persons, Cambridge 1982, S. 71-76; J. Pérez-Remón, Self and Non-self in Early Buddhism, New York 1980, S. 9; dazu C. Oetke, »Ich« und das Ich. Analytische Untersuchungen zur buddhistisch-brahmanischen Ātmankontroverse, Stuttgart 1988, S. 95, 114 ff.

67 Vgl. z. B. MN 9, SN 12, 2; und E. Frauwallner, Geschichte, Bd. 1, a. a. O., S. 207.

68 SN 22, 49 (III. 49), zit. nach: C. Oetke, »Ich« und das Ich, a. a. O., S. 87.

69 SN 22, 95 (III. 142); zit. nach der Übers. in: R. Johansson, The Psychology of Nirvana, London 1969, S. 73.
70 Mahāvagga I, 6, 38 ff., übers. von K. Seidenstücker, Pāli-Buddhismus, a. a. O., S. 23.
71 Die erste Position vertritt J. Pérez-Remón, Self and Non-self, a. a. O., besonders S. 268-305; zur zweiten siehe E. Frauwallner, Geschichte, Bd. 1, a. a. O., S. 224 f., die dritte scheint ein Moment der Positionen von C. Oetke, »Ich«, a. a. O., S. 113 f. und S. 152 ff., sowie S. Collins, Selfless Persons, a. a. O., S. 71 – vgl. aber 95 ff. –, zu sein.
72 C. Oetke, »Ich«, a. a. O., S. 31 ff., 155.
73 MN 72, übers. von E. Frauwallner, Die Philosophie des Buddhismus, 4. Aufl., Berlin 1994, S. 21 f.
74 SN 44, 10 (IV. 400), ebenda, S. 19.
75 SN 22, 83 (III. 105), zit. nach: R.O. Franke, Dīghanikāya, a. a. O., S. 68.
76 Vgl. z. B. die auf S. Freud fußenden Bemerkungen von: J. Lacan, Das Spiegelstadium als Bildner der Ichfunktion, in: ders., Schriften Bd. 1, hrsg. von N. Haas, Olten 1973, S. 61-70.
77 DN 15, übers. z. B. von: P. Dahlke, Buddha, a. a. O., S. 365-377.
78 DN 15, übers. von C. Oetke, »Ich«, a. a. O., S. 133.
79 DN 15, übers. von P. Dahlke, Buddha, a. a. O., S. 373.
80 DN 9, übers. von R.O. Franke, Dīghanikāya, a. a. O., S. 160.
81 SN 5, 10 (I. 135), übers. von W. Geiger/Nyanaponika, Samyutta-Nikāya, a. a. O., S. 211 f.
82 Eine interessante Verknüpfung von kognitionswissenschaftlichen Theorien und buddhistischen Lehren findet sich bei: F.J. Varela/E. Thompson/E. Rosch, Der Mittlere Weg der Erkenntnis, Bern/München/Wien 1991. Zitat ebenda, S. 88 ff.
83 MN 18 (Madhupiṇḍikasutta), nach der engl. Übersetzung von I.B. Horner, Bd. 1, a. a. O., S. 145; Pāli-Erg. nach V. Trenckner (Hg.), The Majjhima-Nikāya, London 1979, I. 111/35 – 112/4.
84 R. Johansson, Psychology, a. a. O., S. 70 f., schlägt die Übersetzung »Vorstellung« vor, da er Stellen anführt, wo imaginäre Bilder, Erinnerungen usw. als das Produkt von *samjñā* betrachtet werden.
85 Anders deutet dies: D.J. Kalupahana, The Principles of Buddhist Psychology, Albany (N.Y.) 1987, bes. S. 30 ff., der dem *manas* eine gewisse reflexive Funktion in bezug auf die anderen Sinnesaktivitäten zugesteht.

86 Vgl. DN 2, 64; R.O. Franke, Dīghanikāya, a.a.O., S. 69.
87 DN 2, 64; übers. von E. Frauwallner, Geschichte, Bd. 1, a.a.O., S. 165 f.
88 Z.B. Udāna I, 1-3; vgl. AN III, 62, übers. von Nyanatiloka, Angereihte Sammlung, Bd. 1, a.a.O., S. 158 f., wo die »Zweite Edle Wahrheit« mit dem »abhängigen Entstehen« erläutert wird.
89 Z.B. SN 12, 1; Mahāvagga I, 1, 1-3 (u.ö.), mit Ersetzungen zit. nach: E. Frauwallner, Geschichte, Bd.1, a.a.O., S. 198. Die Bezeichnung »mit Ersetzungen« bedeutet, daß bei den jeweiligen Zitaten einzelne Kernbegriffe nach Überprüfung des Quellentextes ersetzt worden sind, um eine einheitliche Übersetzungsterminologie zu gewährleisten.
90 Ebenda.
91 Siehe L. Schmithausen, Buddhism and Nature, a.a.O, S. 30 ff.; sowie J.P. McDermott, Karma and Rebirth in Early Buddhism, in: W.D. O'Flaherty (Hg.), Karma and Rebirth in Classical Indian Traditions, Berkeley 1980, S. 165-192.
92 Die Varianten finden sich: Nr. 1 in DN 2, 32; Nr. 2 in DN 15, 1-9 und 19-22; Nr. 3 in DN 1, 3, 70 ff.; Nr. 4 in MN 148 (vgl. auch SN 12, 2). Leider können hier nicht alle Varianten, die mitunter sehr unterschiedlich sind, diskutiert werden. Interessante Ketten finden sich z.B. noch in DN 15, Sn 724 ff., Sn 862 ff., AN III, 62, AN IX, 14.
93 Vgl. E. Frauwallner, Geschichte, Bd.1, a.a.O., S. 210 ff.
94 Siehe z.B. Vasubandhus Abhidharmakośa III, Vers 20, übers. in: E. Frauwallner, Philosophie, a.a.O., S. 81 f.
95 DN 1, 3, mit Ersetzungen zit. nach: R.O. Franke, Dīghanikāya, a.a.O., S. 43 f.
96 DN 1, 3, ebenda, S. 45.
97 SN 12, 11; übers. von W. Geiger/Nyanaponika, Samyutta-Nikāya, teilw. revidierte Neuübers., Bd. 2/3, Wolfenbüttel 1990, S. 16. Vgl. dazu (u.a.) auch MN 9.
98 DN 15, 20; mit Ersetzungen nach: E. Frauwallner, Philosophie, a.a.O., S. 37.
99 AN IV, 174a, übers. von Nyanatiloka, Angereihte Sammlung, Bd. 2, a.a.O., S. 138.
100 DN 32, 62 f.; mit Ersetzungen zit. nach: H. Oldenberg, Buddha, a.a.O., S. 242.
101 DN 15, 22; mit Ersetzungen zit. nach: E. Frauwallner, Philosophie, a.a.O., S. 38.

102 Sn 1076; mit Ersetzungen zit. nach: E. Conze, Buddhistisches Denken, Frankfurt/M. 1990, S. 107. Vgl. Nyanaponika, Sutta-Nipāta, a. a. O., S. 217 f.
103 Y. Takeuchi, Probleme der Versenkung im Ur-Buddhismus, Leiden 1972, S.15.
104 Vgl. den guten Überblick der Textstellen bei: R.O. Franke, Dīghanikāya, a. a. O., S. 307-318, hier 311.
105 F.-R. Hamm, Die buddhistische Formel vom Entstehen in Abhängigkeit (Pratītyasamutpāda), Sonderdruck aus Saeculum XXVI, Heft 4, 1975, S. 331-340, hier 333.
106 SN 12, 51; mit Ersetzungen zit. nach: R.O. Franke, Dīghanikāya, a. a. O., S. 314.
107 Siehe L. de La Vallée Poussin, Théorie des douze causes, Gand 1913, S. 26 ff.
108 SN 12, 12; übers. von W. Geiger/Nyanaponika, Samyutta-Nikāya, a. a. O., S. 19 f.
109 Siehe F.-R. Hamm, Die buddhistische Formel, a. a. O., S. 336.
110 SN 12, 52-57 und 60.
111 Siehe MN 36, übers. z. B. von P. Dahlke, Buddha, a. a. O., S. 56.
112 Siehe z. B. DN 16, 33f.; MN 77; AN 10, 3, 5; dazu F. Heiler, Die buddhistische Versenkung, 2. Aufl., München 1922, S. 26 f.; H. Eimer, Skizzen, a. a. O., S. 62 f.
113 Siehe z. B. DN 13, 23; MN 7, 83, 99; dazu P.J. Griffiths, Indian Buddhist Meditation Theory, Diss., Wisconsin 1983, S. 134-139; T. Vetter, The Ideas, a. a. O., S. 26 ff.
114 Siehe A. Wayman, Calming the Mind and Discerning the Real, New York 1978.
115 Siehe MN 26, übers. von P. Dahlke, Buddha, a. a. O., S. 31-46. Zu Buddhas Lebensabschnitt vgl.: H.-J. Klimkeit, Buddha, a. a. O., S. 80 f.
116 DN 16, übers. von R.O. Franke, Dīghanikāya, a. a. O., S. 226.
117 Anschauliche Erläuterungen zu diesen Übungen findet der Interessierte bei: Nyanaponika, Geistestraining durch Achtsamkeit, Konstanz 1970, S. 26 ff.
118 Seiner Analyse zufolge wurde das reine Beobachten später im Sinne der allgemeinen Leidhaftigkeit der Existenz erweitert. Vgl. L. Schmithausen, Die Vier Konzentrationen der Aufmerksamkeit, in: Zeitschrift für Missionswissenschaft und Religionswissenschaft, 60. Jg., Bd. 4, 1976, S. 241-266, bes. 249 und 255 f.
119 Ebenda, S. 255.

120 DN 2; mit Ersetzungen zit. nach: R.O. Franke, Dighānikāya, a.a.O., S. 74 ff.

121 MN 41, SN 41, 6, 3; vgl. R.O. Franke, Dīghanikāya, a.a.O., S. 313.

122 SN 36, 2, 11 (IV. 217); übers. von F.L. Woodward, The Book of the Kindred Sayings. Samyutta-Nikāya, 4. Teil, London 1956, S. 146.

123 Z.B. DN 2, übers. von R.O. Franke, Dīghanikāya, a.a.O., S. 78 ff.

124 Vgl. E.F. Crangle, The Origin and Development of Early Indian Contemplative Practices, Wiesbaden 1994, S. 214-232.

125 Dies ist eine etwas vorsichtiger formulierte Fassung der These von: T. Vetter, The Ideas, a.a.O., S. XXXIV ff., der *prajñā* als Ziel der Dhyāna-Meditation für eine spätere Entwicklung hält.

126 Vgl. DN 1, übers. von R.O. Franke, Dīghanikāya, a.a.O., S. 22-25.

127 Zu dieser Stufe siehe: P.J. Griffiths, On Being Mindless. Buddhist Meditation and the Mind-Body Problem, La Salle (Illinois) 1986, S. 5-42; E.F. Crangle, The Origin, a.a.O., S. 239-248.

128 Diese Bemerkung ist nicht als Argument gegen die Authentizität dieser Erfahrungen gedacht, vielmehr dahingehend, daß der buddhistische Adept seinen Erfahrungen gegenüber prinzipiell vor demselben Problem steht wie der, welcher vor den *Beschreibungen* dieser Erfahrungen steht. Vgl. zu diesem Problem auch: R.H. Sharf, Buddhist Modernism and the Rhetoric of Meditative Experience, in: Numen, Bd. 42, 1995, S. 228-283.

129 Vgl. D.P. Brown/J. Engler, The Stages of Mindfulness Meditation [*satipaṭṭhāna*]. A Validation Study, in: Journal of Transpersonal Psychology, 12, 1980, S. 143-192. Ergebnisse nach: P.J. Griffiths, Indian Buddhist Meditation-Theory, a.a.O., S. 624-631.

130 Vgl. A. Kasamatsu/T. Hirai, An Electroencephalographic Study on the Zen Meditation (Zazen), in: Folia Psychiatrica and Neuropsychologica Japonica, 20, 1966, S. 315-336. Zu den Ergebnissen siehe ebenda, S. 615-618.

131 Vgl. L. Schmithausen, Spirituelle Praxis und philosophische Theorie im Buddhismus, in: Zeitschrift für Missionswissenschaft und Religionswissenschaft, 57. Jg., 1973, S. 161-186.

132 Siehe MN 63, 72; vgl. S. Collins, Selfless Persons, a.a.O., S. 131 ff.

133 Vgl. R.O. Franke, Dīghanikāya, a.a.O., S. 287-297.

134 Vgl. zu dem hier angewandten Begriff der Metaphysik: J. Simon, Philosophie des Zeichens, Berlin/New York 1989, S. 5 f. und 190 f.

135 Vgl. T.R.V. Murti, The Central Philosophy of Buddhism, London 1955, S. 38.

136 MN 63, übers. von K. Mylius, Vier Edle Wahrheiten, a. a. O., S. 147.

137 Auch in der Diskussion der über sechzig spekulativen Standpunkte im *Brahmajāla* heißt es, der (Ewigkeits-)Glaube ist eine bloße Äußerung des »Gefühles urteilsloser Blinder«. Vgl. R.O. Franke, Dīghanikāya, a. a. O., S. 41.

138 Udāna 6.4, zit. nach der engl. Übers. von P.D. Ireland, The Udāna, Kandy 1990, S. 94; vgl. P. Masefield, The Udāna, Oxford 1994, S. 133.

139 DN 1, mit Ersetzungen zit. nach: R.O. Franke, Dīghanikāya, a. a. O., S. 24 f.

140 Vgl. J. Pérez-Remón, Self and Non-self, a. a. O., S. 294 f.

141 Dies betont besonders: G.M. Nagao, The Silence of the Buddha and its Madhyamic Interpretation, in: G.M. Nagao/J. Nozawa (Hg.), Studies in Indology and Buddhology, Kioto 1955, S. 137-151.

142 Siehe L. de la Vallée Poussin, Nirvāṇa. Études sur l'histoire des religions V, Paris 1925; T. Stcherbatsky, The Conception of Buddhist Nirvāṇa, Leningrad 1927; G.R. Welbon, The Buddhist Nirvāṇa and its Western Interpreters, Chicago 1968; G. Mensching, Zum Streit um die Deutung des buddhistischen Nirvāna, in: ders., Topos und Typos, hrsg. von H.-J. Klimkeit, Bonn 1971.

143 Siehe W. Halbfass, Indien und Europa, Stuttgart 1981, S. 128; und L. Schmithausen, Artikel »Nirvāṇa« im Historischen Wörterbuch der Philosophie, Bd. 6, Sp. 856.

144 G.W.F. Hegel, Vorlesungen über die Philosophie der Religion, Bd. I/2, hrsg. von G. Lasson, Hamburg 1974, S. 134.

145 Vgl. DN 1, übers. von R.O. Franke, Dīghanikāya, a. a. O., S. 38 ff.

146 H. Oldenberg, Buddha, a. a. O., S. 291.

147 Vgl. E. Frauwallner, Geschichte, Bd. 1, a. a. O., S. 226.

148 Vgl. R. Johansson, Psychology, a. a. O., S. 18 ff., 38 f.

149 MN 26 (I. 167); ebenda.

150 SN 56, 11; vgl. Vin I, 10 ff.; zit. nach: T. Vetter, Bei Lebzeiten das Todlose erreichen, in: G. Oberhammer (Hg.), Im Tod gewinnt der Mensch sein Selbst, Wien 1995, S. 211-230, hier 214 f.

151 Ebenda, S. 219.

152 SN V, 8, vgl. R. Johansson, Psychology, a. a. O., S. 28.

153 Udāna 8.1-4; siehe P. Masefield, The Udāna, a. a. O., S. 165.

154 J. Lacan, Schriften, Bd. 2, Olten 1975, S. 43.

155 N. Luhmann/P. Fuchs, Reden und Schweigen, 2. Aufl., Frankfurt/M. 1992, S. 51.

156 MN 1 (I. 4-6); zit. nach der engl. Übers. von R. Johansson, Psychology, a. a. O., S. 57.
157 DN 16 (Mahāparinibbāna-Sutta), zit. nach: U. Schneider, Einführung, a. a. O., S. 38.
158 Siehe zu den Konzilen: ebenda, S. 127-142; É. Lamotte, Histoire du Bouddhisme Indien, Louvain 1958, S. 136-146, 297-319; E. Frauwallner, Die buddhistischen Konzile, in: ders., Kleine Schriften, hrsg. von G. Oberhammer/E. Steinkellner, Wiesbaden 1982, S. 649-670.
159 Siehe zu diesen gegenwärtig praktizierten Formen: H. Bechert/R. Gombrich (Hg.), Der Buddhismus. Geschichte und Gegenwart, Neuausg., München 1995, S. 140-211.
160 Vgl. die Definition von Buddhaghosa, zit. in: K.R. Norman, Pāli-Literature, a. a. O., S. 98.
161 Das Abhidharmakośa hat weithin gewirkt. So finden sich, um nur ein Beispiel zu nennen, die kosmologischen Vorstellungen im tibetischen *Kālacakra*-Maṇḍala wieder. Vgl. M. Brauen, Das Mandala. Der heilige Kreis im tantrischen Buddhismus, Köln 1992, S. 18-50. Übersetzt wurde es ins Französische von L. de La Vallée Poussin, L'Abhidharmakośa de Vasubandhu, 3 Bde., Paris 1923-1926.
162 Nyanaponika (Hg.), Die Fragen des Königs Milinda, übers. von Nyanatiloka, Interlaken 1985, S. 67.
163 Ebenda, S. 98.
164 Vgl. ebenda, S. 76 ff.
165 Vgl. Vijñānakāya I, übers. von L. de La Vallée Poussin, Le controverse du temps et du pudgala dans le Vijñānakāya, Paris 1925, S. 343-376.
166 Vgl. Abhidharmahṛdaya, übers. von C. Willemen, The Essence of Metaphysics, Brüssel 1975, Kap. IV (*anuśayavarga*), S. 48-66; und Abhidharmakośa, übers. von L. de La Vallée Poussin, a. a. O., Bd. 4, Kap. V, S. 1 ff.
167 Siehe E. Frauwallner, Abhidharma-Studien III. Der Abhisamayavadah, in: Wiener Zeitschrift für die Kunde Süd- u. Ostasiens 15, 1971, S. 69 ff.
168 Vgl. zur Augenblicklichkeitstheorie (*kṣaṇikavāda*): A.v. Rospatt, The Buddhist Doctrine of Momentariness, Stuttgart 1995.
169 Vgl. Abhidharmakośa IX, übers. von L. de La Vallée Poussin, Bd. 3, a. a. O., S. 256.
170 Nyanaponika (Hg.), Die Fragen des Königs Milinda, a. a. O., S. 173;

dazu J.B. Buescher, The Buddhist Doctrine of Two Truths in the Vaibhāṣika and Theravāda Schools, Diss., University of Virginia, 1982.
171 Mahāvastu I, S. 159; zit. in: É. Lamotte, Histoire, a.a.O., S. 691.
172 Vgl. ebenda, S. 692; vgl. auch Buescher, Two Truths, a.a.O., S. 64 f.
173 Vgl. H.-J. Klimkeit, Buddha, a.a.O., S. 199 f.
174 Vgl. dazu auch: H. Dayal, The Bodhisattva Doctrine in Buddhist Sanskrit Literature, Neuaufl., Delhi 1972, S. 6 ff.
175 Siehe A. Hermann-Pfandt, Verdienstübertragung im Hīnayāna und Mahāyāna, in: Suhṛllekhāḥ. Festgabe für H. Eimer, hrsg. von M. Hahn/J.-U. Hartmann/R. Steiner, Swistal-Odendorf 1996, S. 79-98.
176 Vgl. H.R. Heinemann, Weg des Übens, a.a.O., S. 21; E. Conze, Buddhistisches Denken, a.a.O., S. 302 ff.
177 Siehe S. Schayer, Ausgewählte Kapitel aus der Prasannapadā. Einleitung, Übersetzung und Anmerkungen, Krakau 1931, S. IX.
178 Lotos-Sūtra, Sūtra von der Lotosblume des wunderbaren Gesetzes, übers. von M. v. Borsig, Gerlingen 1992, S. 100 f.
179 Ebenda.
180 Vgl. Aṣṭasāhasrikā Prajñāpāramitā (AP), übers. von E. Conze, The Perfection of Wisdom in Eight Thousand Lines, 2. Aufl., Bolinas (Ca.) 1975, S. 105 f.
181 Eine Auflistung der Quellen findet sich in: ders., The Prajñāpāramitā Literature, Den Haag 1960.
182 Vgl. AP II, übers. von E. Conze, a.a.O., S. 98 f.
183 Vgl. AP XXIX, ebenda, S. 269 f.
184 AP XII, nach der engl. Übers. von Conze, ebenda, S. 173.
185 Vgl. AP XXVIII, ebenda, S. 271 f.
186 Vgl. AP XIX, ebenda, S. 213.
187 AP XII, nach der engl. Übers. von Conze, ebenda, S. 177.
188 AP VIII, übers. von E. Frauwallner, Philosophie, a.a.O., S. 161.
189 Zit. nach: Das Diamant-Sutra, übers. und kommentiert von Thich Nhāt Hanh, Zürich/München 1988, S. 14. Skt.-Erg. nach: E. Conze (Hg. und Übers.), Vajracchedikā Prajñāpāramitā (VP), 2. Aufl., Rom 1974, S. 30.
190 VP 13, übers. von M. Walleser, Prajñāpāramitā, Göttingen 1914, S. 147.
191 VP 23, übers. von Thich Nhāt Hanh, a.a.O., S. 31.
192 »*Sarva-saṃjñā-apagatā*«, VP 14, übers. von E. Conze, a.a.O., S. 40.
193 Vgl. É. Lamotte, The Teaching of Vimalakīrti, Vimalakīrtinirdeśa, London 1976, S. V.

194 Vgl. I.W. Mabbett, Nāgārjuna and Deconstruction, in: Philosophy East and West, 45, 2, 1995, S. 203-225, hier 203.

195 MK XXIV, 18: »Das abhängige Entstehen ist es, das wir als Leerheit bezeichnen. Sie ist bloße Benennung auf irgendwelcher Grundlage [*upādāya prajñapti*], und sie ist der mittlere Weg.« Übers. von E. Frauwallner, Philosophie, a. a. O., S. 190.

196 Vigrahavyavārtanī, V. 49 f.

197 Nach der engl. Übersetzung von C. Lindtner, Nagarjuniana, Studies in the Writings and Philosophy of Nāgārjuna, Neu-Delhi 1986, S. 47, V. 27. Vgl. D.R. Komito, Nagarjunas »Seventy Stanzas«. A Buddhist Psychology of Emptiness, New York 1987, S. 85.

198 MK XVIII, 9, übers. von E. Frauwallner, Philosophie, a. a. O., S. 186. Eine andere Übersetzung dieses wichtigen Verses lautet: »That which cannot be known through [the language of] others (*apara-pratyaya*), Tranquil, cannot be designated verbally (*aprapañcita*), Cannot be differentiated (*nirvikalpa*), And not diverse in meaning – Such attributes Reality (i.e., *śūnyatā*) possesses.« Übers. von G.M. Nagao, The Silence of the Buddha, a. a. O., S. 144.

199 Vgl. T.R.V. Murti, Samvṛti and Paramārtha, in: M. Sprung (Hg.), The Problem of Two Truths in Buddhism and Vedānta, Dordrecht 1973, S. 13.

200 Vgl. R.H. Robinson, Classical Indian Philosophy, hrsg. von J.W. Elder, Dubuque (Iowa) 1970, S. 206 f.; ders., Some Logical Aspects of Nāgārjuna's System, in: Philosophy East and West, 7, 4, 1957, S. 291 ff.

201 Vgl. D.S. Ruegg, The Literature of the Madhyamaka School of Philosophy in India, Wiesbaden 1981, S. 36, 58 ff.

202 M. Walleser, Die Mittlere Lehre (Mādhyamika-śastra) des Nāgārjuna, Heidelberg 1911, S. 107.

203 Vgl. die Übersetzung von: K. Innada, Nāgārjuna. A Translation of his Mūlamadhyamakakārikā with an Introductory Essay, New York 1970, S. 134.

204 Der Unterschied zwischen »positiven« und »negativen Tetralemmata« ist bereits von D.S. Ruegg und Y.K. Ng analysiert worden. Vgl. zu der kontroversen Diskussion: D.S. Ruegg, The Uses of the Four Positions in the Catuṣkoṭi and the Problem of the Description of Reality in Mahāyāna Buddhism, in: Journal of Indian Philosophy, 5, 1977, Bd. 1, S. 1-71; Y.K. Ng, T'ien-t'ai Buddhism and Early Mādhyamika, Honolulu 1993; H.P. Sturm, Weder Sein noch Nichtsein.

Der Urteilsvierkant (catuṣkoṭi) und seine Korollarien im östlichen und westlichen Denken, Würzburg 1996, S. 107-156.

205 S. Schayer, Kapitel aus der Prasannapadā, a. a. O., S. XXVII f.

206 So versuchte Nāgārjuna nach U. Schneider, Einführung, a. a. O., S. 186, es »mit der ›Leere‹ selbst als Absolutem«. Zuletzt hat T. Wood, Nāgārjunian Disputations. A Philosophical Journey Through an Indian Looking-Glass, Honolulu 1994, den Nihilismus-Vorwurf vorgebracht.

207 Übers. von E. Frauwallner, Philosophie, a. a. O., S.189.

208 Ebenda, S.189.

209 Vgl. den guten Überblick der Textstellen bei: M. Sprung (Hg.), The Problem of Two Truths, a. a. O., S. 43 ff.

210 Zit. nach: J.L. Garfield, The Fundamental Wisdom of the Middle Way. Nāgārjuna's Mūlamadhyamakakārikā, New York/Oxford 1995, S. 305.

211 Übers. von E. Frauwallner, Philosophie, a. a. O., S. 198.

212 MK XXV, 24, übers. von E. Frauwallner, Philosophie, a. a. O., S. 199.

213 Ratnāvalī IV, 81 f. Vgl. C. Lindtner, Nagarjuniana, a. a. O., S. 267.

214 Śrāvakabhūmi, zit. nach: H.S. Sakuma, Die Āśrayaparivṛtti-Theorie in der Yogācārabhūmi, 2 Bde., Bd. 2, Stuttgart 1990, S. 124.

215 L. Schmithausen, Spirituelle Praxis, a. a. O., S.169.

216 Die makellose Wahrheit erschauen. Das Lankavatara-Sutra, übers. von K.-H. Golzio, Bern 1996, S. 319 (LS X, 505).

217 Siehe L. Schmithausen, Ālayavijñāna. On the Origin and the Early Development of a Central Concept of Yogācāra Philosophy, 2 Bde., Bd. 1, Tokio 1987, S. 18 ff., 63.

218 Pratītyasamutpādavyākhyā III, 3, übers. von Y.G. Muroji, Vasubhandhus Interpretation des Pratītyasamutpāda, Stuttgart 1993, S. 186.

219 Vgl. ebenda S. 134, 187.

220 Vgl. ebenda S. 187, und zum Hintergrund: H.S. Sakuma, Die Āśrayaparivṛtti-Theorie, Bd. 1, a. a. O., S.17 ff.

221 Vṛtti zur Viṃśatikā, V. 9, mit Ersetzungen zit. nach: E. Frauwallner, Philosophie, a. a. O., S. 372.

222 Der Verfasser interpretiert den Skt.-Vers mit der sinnvollen tibetischen Übersetzung in The Tibetan Tripitaka, Peking Edition, hrsg. von D.T. Suzuki, Bd. 113, Folio 12a, Tokio 1958: *sngon-du gnyis-po bdag-med la/shugs-pas gshan-dbang la 'jug ste.*

223 Siehe dazu A. Sponberg, The Trisvabhāva Doctrine in India and China. A Study of Three Exegetical Models, in: Bulletin of Institute of Buddhist Cultural Studies, 21, Kioto 1982, S. 97-119.
224 L. Schmithausen, Spirituelle Praxis, a. a. O., S. 165.
225 Siehe Pratītyasamutpādavyākhyā, III, 2, übers. von Y.G. Muroji, a.a.O, S. 137f.; und Abhidharmakośabhāṣya 53, 13f. (zit. ebenda).
226 Siehe T.A. Kochumuttom, A Buddhist Doctrine of Experience, Delhi 1982, S. 29 ff.
227 Vgl. zur Diskussion um den Idealismus-Begriff: A.K. Chatterjee, The Yogācāra Idealism, 2. Aufl., Varanasi 1975; T.A. Kochumuttom, Buddhist Doctrine, a. a. O., der Vasubandhu zu einem »realistischen Pluralisten« erklärt; oder T.E. Wood, Mind Only, Honolulu 1991, S. 171-190, der das Element der »kollektiven Halluzination« herausstellt.
228 Siehe T. Stcherbatsky, Buddhist Logic, 2 Bde., Bd. 1, Nachdr., London 1963, S. 13, 524 ff.
229 Vgl. G.W.F. Hegel, Phänomenologie des Geistes, hrsg. von J. Hoffmeister, 6. Aufl., Hamburg 1959; B.E. Brown, The Buddha Nature. A Study of the Tathāgatagarbha and Ālayavijñāna, Delhi 1991.
230 Vṛtti zu Viṃśatikā, V. 16; übers. in: E. Frauwallner, Philosophie, a. a. O., S. 378.
231 Siehe hierzu E. Steinkellner/T. Much, Texte der erkenntnistheoretischen Schule des Buddhismus. Systematische Übersicht über die buddhistische Sanskrit-Literatur II, Göttingen 1995; T. Stcherbatsky, Buddhist Logic, Bd. 2, a. a. O.; E. Frauwallner, Dignāga, sein Werk und seine Entwicklung, in: Wiener Zeitschrift zur Kunde Süd- und Ostasiens, 3, 1959, S. 83-164; J. May, Candrakīrti, Prasannapadā Madhyamakavrtti, Paris 1959.
232 Im Tantra entwickelte sich eine »Zwielicht-Sprache« (*samdhyā bhāṣā*), in der ein Wort der Alltagssprache gleichzeitig eine »geheime« Bedeutung erhielt. Siehe A. Wayman, The Buddhist Tantras, 2. Aufl., Delhi 1990, S. 128 ff.; sowie R. Bucknell/M. Stuart-Fox, The Twilight Language. Explorations in Buddhist Meditation and Symbol, New York 1986.
233 Siehe D.S. Ruegg, La théorie du tathāgatagarbha et du gotra, Paris 1969; ders., Buddha-nature, Mind and the Problem of Gradualism in a Comparative Perspective, London 1989, S. 44 ff.
234 Siehe G. Samuel, Civilized Shamans, Washington/Katmandu 1995, S. 233 ff.

235 Vgl. A. Wayman, The Buddhist Tantras, a.a.O., S. 30 ff.
236 Siehe D.S. Ruegg, Buddha-nature, a.a.O., S. 58 ff., 138 ff.
237 Übers. von P. Gäng, Das Tantra der Verborgenen Vereinigung, München 1988.
238 Siehe A. Wayman, The Buddhist Tantras, a.a.O., S.166 ff., 190 ff.; D. Snellgrove, Indo-Tibetan Buddhism, London 1987, S. 281 ff.
239 M. Brauen, Das Mandala, Köln 1992, S. 11.
240 Vgl. H.W. Schuhmann, Mahāyāna-Buddhismus, 2. Aufl., München 1995, S. 176 ff.
241 U.a. übers. von C. Trungpa/F. Freemantle, Das Totenbuch der Tibeter, 3. Aufl., Köln 1979.
242 Siehe etwa C.G. Jung, Mandala. Bilder aus dem Unterbewußten, 2. Aufl., Olten 1981; ders., Geleitwort zu: W.Y. Evans Wentz, Das Tibetanische Totenbuch, 7. Aufl., Olten 1972.
243 Im »Bardo des Werdens«, übers. von C. Trungpa/F. Freemantle, Das Totenbuch, a.a.O., S. 128.
244 Vgl. hierzu H.V. Guenther, The Life and Teachings of Nāropa, London 1963.
245 Siehe G.C.C. Chang, The Hundred Thousand Songs of Milaraspa, 2 Bde., New York 1962.
246 G. Schulemann, Geschichte der Dalai Lamas, 2. Aufl., Leipzig 1958, S. 118 ff.
247 Siehe P. Kvaerne, Aufstieg und Untergang einer klösterlichen Tradition, in: H. Bechert/R. Gombrich (Hg.), Buddhismus, a.a.O., S. 312. Zur neueren Kontroverse um das Tibetbild des Westens siehe auch: H. Räther/Th. Dodin (Hg.), Mythos Tibet, Köln 1997.
248 Tsongka-pas »Stufenweg« wurde bisher nur z.T. übersetzt: A.Wayman, Calming the Mind and Discerning the Real, New York 1978; ders., Ethics of Tibet. Bodhisattva Section of Tsong-Kha-Pa's Lam rim chen mo, Delhi 1992; E. Napper, Dependent Arising and Emptiness, Boston 1989; zum »Tantra« siehe: J. Hopkins (Hg.), Tantra in Tibet. Das Geheime Mantra des Tsong-ka-pa, 3. Aufl., Köln 1987; zum »Herz« siehe: R.A.F. Thurman,Tsong Khapa's Speech of Gold in the Essence of True Eloquence, New Jersey 1984.
249 Lesenswert sind die Autobiographien des XIV. Dalai Lama und auch dessen Werk: Das Auge einer neuen Achtsamkeit. Traditionen und Wege des tibetischen Buddhismus, München 1987.
250 E. Zürcher, Buddhismus in China, Korea und Vietnam, in: H. Bechert/R. Gombrich (Hg.), Buddhismus, a.a.O., S. 216.

251 Siehe K.K.S. Ch'en, The Chinese Transformation of Buddhism, Princeton 1973, S. 65-178.
252 Übers. von G. Debon, Tao-Tê-King, Stuttgart 1979, S. 35.
253 Zu Fa-hsiang und den anderen Schulen siehe: W.-T. Chan, A Source Book in Chinese Philosophy, Princeton 1969, S. 336-395. Zu Hsüan-tsangs Reise siehe: R. Grousset, Die Reise nach Westen, 2. Aufl., München 1994.
254 Übers. von H. Inagaki, The Three Pure Land Sutras. A Study and Translation, Kioto 1995.
255 Siehe ebenda, S. 243 (18. Gelübde), dazu Anm. 13, S. 362.
256 Siehe V. Zotz, Geschichte der buddhistischen Philosophie, Reinbek 1996, S. 184 f.
257 Siehe W.-T. Chan, Source Book, a.a.O., S. 396, 400.
258 Siehe P. Pörtner/J. Heise, Die Philosophie Japans, Stuttgart 1995, S. 189 f.; sowie insgesamt Y.K. Ng, T'ien-t'ai Buddhism and Early Mādhyamika, Honolulu 1993.
259 Zit. nach: H. Dumoulin, Zen. Geschichte und Gestalt, Bern 1959, S. 45.
260 Übers. von T. Doi, Das Kegon Sutra, 3 Bde., Tokio 1978-1982.
261 G.C.C. Chang, Die buddhistische Lehre von der Ganzheit des Seins, Bern 1989, S. 167.
262 Siehe ebenda, S. 54-57.
263 Ebenda, S. 191.
264 Vgl. ebenda, S. 177.
265 Vgl. F.H. Cook, Hua-yen Buddhism, University Park (Pennsylvania) 1977, S. 87 ff.
266 Zit. nach: G.C.C. Chang, Ganzheit des Seins, a.a.O., S. 211.
267 Wu-men kuan Nr. 6, zit. nach: P. Pörtner/J. Heise, Japanische Philosophie, a.a.O., S. 164; vgl. W. Liebenthal, Wu-men kuan, a.a.O., S. 54.
268 Siehe W.-T. Chan, Source Book, a.a.O., S. 425; T. Izutsu, Philosophie des Zen-Buddhismus, Reinbek 1986, S. 7 ff.
269 Hua-yen-wu-chiao-chang, zit. nach: R.K. Heinemann, Der Weg des Übens, a.a.O., S. 58.
270 R. de Martino, Die Situation des Menschen und der Zen-Buddhismus, in: E. Fromm (Hg.), Zen-Buddhismus und Psychoanalyse, Frankfurt/M. 1971, S. 181-218, hier S. 199. Siehe auch T. Izutsu, Philosophie des Zen-Buddhismus, a.a.O., S. 11 ff.
271 H. Dumoulin, Geschichte, a.a.O., S.132.

272 Siehe R. de Martino, Die Situation, a. a. O., S. 197, 201.
273 Übersetzungen: siehe Literaturhinweise zu W. Gundert, Th. Cleary, W. Liebenthal.
274 Siehe K.K.S. Ch'en, Buddhism in China, Princeton 1964, S. 434-486.
275 Siehe dazu J. F. Pas, The Turning of the Tide. Religion in China Today, Hong Kong 1989.
276 Siehe M. Eder, Geschichte der japanischen Religion, Bd. 2: Japan mit und unter dem Buddhismus, Nagoya 1978, S. 1 ff.
277 Ein »Symbol für den von Shōmu angestrebten zentralisierten Idealstaat« sieht hierin: R.K. Heinemann, »Tariki-Hongan und Jiriki«, in: H. Bechert/R. Gombrich (Hg.), Der Buddhismus, a. a. O., S. 263; vgl. V. Zotz, Geschichte, a. a. O., S. 207.
278 Zum Nara-Buddhismus siehe: D. und A. Matsunaga, Foundation of Japanese Buddhism, Bd. 1, Los Angeles/Tokio 1974, S. 26-137.
279 V. Zotz, Geschichte, a. a. O., S. 203.
280 Siehe M. Eder, Geschichte, Bd. 2, a. a. O., S. 18 f.
281 Übers. von C. Yamamoto, Mahāvairocana-Sūtra (engl. Übers. der chin. Version), Delhi 1990.
282 P. Pörtner/J. Heise, Japanische Philosophie, a. a. O., S. 195.
283 Siehe P. Fischer, Studien zur Entwicklungsgeschichte des *mappō*-Gedankens und zum *Mappō-tōmyō-ki*, Hamburg 1976.
284 Siehe H. Inagaki, Pure Land, a. a. O., S. 40.
285 Zu den Lehrunterschieden siehe ebenda, S. 173 ff.
286 R.K. Heinemann, Tariki-Hongan und Jiriki, a. a. O., S. 282.
287 Siehe K. Tsujimura, Dōgens Lehre von Sein=Zeit, in: G. Condrau (Hg.), Medard Boss zum siebzigsten Geburtstag, Bern u. a. 1973, S. 172 ff.; M. Abe, Dōgen's View on Time and Space, in: Eastern Buddhist 21, 2, 1988, S. 1-35.
288 R.K. Heinemann, Tariki-Hongan und Jiriki, a. a. O., S. 279. Siehe auch M. Abe, The Oneness of Practice and Attainment [...], in: W. LaFleur (Hg.), Dōgen Studies, Honolulu 1985.
289 Shōbōgenzō, Bd.: Gyōji, mit Ersetzungen zit. nach: R.K. Heinemann, Weg des Übens, a. a. O., S. 154.
290 Ebenda, Bd.: Genjōkōan, übers. von R. Ōhashi/H. Brockard, Das Buch Genjōkōan aus dem Shōbōgenzō, in: Philosophisches Jahrbuch, 83. Jg., 2. Halbband, 1976, S. 402-415, hier 407.
291 Hisamatsu, nach einer mündlichen Mitteilung von Ryōsuke Ōhashi. Hisamatsu wird zur Kyōto-Schule gezählt. Deren Anhänger wandten sich aus dem japanischen Kontext heraus der europäischen Philo-

sophie zu und bemühten sich um neue Synthesen. Siehe z.B. S.-I. Hisamatsu, Die Fülle des Nichts. Vom Wesen des Zen, Pfullingen 1975; K. Nishida, Über das Gute, übers. von P. Pörtner, Frankfurt/M. 1989; K. Nishitani, Was ist Religion?, übers. von D. Fischer-Barnicol, Frankfurt/M. 1982; sowie insgesamt R. Ōhashi, Die Philosophie der Kyōto-Schule, Freiburg 1990.

292 Wu-teng Hui-yuan, zit. nach: P. Pörtner/J. Heise, Japanische Philosophie, a.a.O., S. 125.

Literaturhinweise

1. Zum Umfeld und zur Biographie des historischen Buddhas

Bareau, André, Recherches sur la biographie du Buddha dans le Sūtrapiṭaka et les Vinayapiṭaka anciens, (Teil I, Publications de l'École française d'Extrême-Orient LII), Paris 1963.

Ders., Recherches sur la biographie du Buddha, (Teil II, 2 Bde., PEFEO LXXVII), Paris 1970-71.

Bechert, Heinz (Hg.), Die Datierung des historischen Buddha, Symposium zur Buddhismusforschung IV, 2 Bde., Göttingen 1992.

Chakravarti, Uma, The Social Dimensions of Early Buddhism, Delhi 1987.

Klimkeit, Hans-Joachim, Der Buddha. Leben und Lehre, Stuttgart 1990.

Lamotte, Étienne, Histoire du Bouddhisme Indien, Löwen 1958.

Oldenberg, Hermann, Buddha, Sein Leben, Seine Lehre, Seine Gemeinde, Stuttgart/Berlin 1959 (1. Aufl.: Berlin 1881).

Waldschmidt, Ernst, Die Legende vom Leben des Buddha, verb. Neuaufl., Graz 1982.

Zotz, Volker, Buddha, Reinbek 1991.

2. Übersetzungen der kanonischen Schriften

Franke, Otto, Dīghanikāya [DN]. Das Buch der langen Texte des Buddhistischen Kanons, Göttingen 1913.

Geiger, Wilhelm/Nyanaponika, Samyutta-Nikāya [SN], Bd. 1-3, teilw. revid. Neuaufl., Wolfenbüttel 1990.

Horner, Isaline B., The Collection of The Middle Length Sayings [MN], Bd. 1: The First Fifty Discourses (Mūlapaṇṇāsa), London 1954.

Dies., [MN], Bd. 2: The Middle Fifty Discourses (Majjhimapaṇṇāsa), London 1957.

Dies., [MN], Bd. 3: The Final Fifty Discourses (Uparipaṇṇāsa), London 1959.

Nyānaponika, Sutta-Nipāta [Sn], Konstanz 1977.
Nyanatiloka, Die Lehrreden des Buddha aus der Angereihten Sammlung. Anguttara-Nikāya [AN], Bd.1-5, Köln 1969.
Walshe, Maurice O'Connell, Thus Have I Heard. The Long Discourses of the Buddha. Dīgha Nikāya [DN], London 1987.

3. Übersetzungen anderer Schriften

Anacker, Stefan, Seven Works of Vasubandhu, Delhi 1984.
Borsig, Margareta von, Lotos-Sūtra. Sūtra von der Lotosblume des wunderbaren Gesetzes (übers. nach dem chinesischen Text von Kumārajīva), Gerlingen 1992.
Brück, Michael von, Weisheit der Leere. Sūtra-Texte des Mahāyāna-Buddhismus, Zürich 1989.
Brun, Pierre, Meister Linji. Begegnungen und Reden, Zürich 1986.
Cleary, Th. und J.C., The Blue Cliff Record, Boulder (Colorado) 1978.
Conze, Edward, The Perfection of Wisdom in Eight Thousand Lines, 2. Aufl., Bolinas (Ca.) 1975.
Guenther, Herbert V., Gampopa. Juwelenschmuck der geistigen Befreiung, München 1989.
Gundert, Wilhelm, Bi-yän-lu. Meister Yüan-wu's Niederschrift von der Smaragdenen Felswand, 3 Bde., München 1960-73.
Hakeda, Yoshito S., Kukai Major Works, New York 1972.
Hopkins, Jeffrey, Tantra in Tibet. Das Geheime Mantra des Tsong-ka-pa, 3. Aufl., Köln 1987.
Inada, Kenneth K., Nāgārjuna. A Translation of his Mūlamadhyamakakārikā, New York 1970.
Inagaki, Hisao, The Three Pure Land Sutras. A Study and Translation, Kioto 1995.
Lamotte, Étienne, Saṃdhinirmocana-Sūtra. L'Explication des mystères, Löwen 1935.
Ders., The Teaching of Vimalakīrti, Vimalakīrtinirdeśa (verb. engl. Übers. von: L'Enseignement de Vimalakīrti, Löwen 1962, übers. von Sara Boin), London 1976.
La Vallée Poussin, Louis de, L'Abhidharmakośa de Vasubandhu, 5 Bde., Paris 1923-26.
Liebenthal, Walter, Wu-men Hui-k'ai, Ch'an-tsung Wu-men kuan. Zutritt nur durch die Wand, Heidelberg 1977.

Lindtner, Christian, Nagarjuniana. Studies in the Writings and Philosophy of Nāgārjuna, Delhi 1986.
Napper, Elizabeth, Dependent Arising and Emptiness, Boston 1989.
Nyanatiloka, Visuddhi-Magga oder der Weg zur Reinheit [von Buddhaghosa], aus dem Pāli übers. von Nyanatiloka, 2. Aufl., Konstanz 1952.
Steinkellner, Ernst, Śāntideva. Eintritt in das Leben zur Erleuchtung (Bodhicaryāvatāra), Düsseldorf 1981.
Trungpa, Chögyam/Freemantle, Francesca, Das Totenbuch der Tibeter, 3. Aufl., Köln 1979.

4. Weiterführende Literatur

Bechert, Heinz/Gombrich, Richard (Hg.), Der Buddhismus. Geschichte und Gegenwart, 2. Aufl., München 1995.
Chang, Garma C.C., Die buddhistische Lehre von der Ganzheit des Seins, Bern 1989.
Ch'en, Kenneth, Buddhism in China, Princeton 1964.
Eimer, Helmut, Skizzen des Erlösungsweges in buddhistischen Begriffsreihen, Bonn 1976.
Frauwallner, Erich, Geschichte der indischen Philosophie, Bd. 1, Salzburg 1953.
Ders., Die Philosophie des Buddhismus, 4. Aufl., Berlin 1994.
Gombrich, Richard, Der Theravada Buddhismus. Vom alten Indien bis zum modernen Sri Lanka, Stuttgart 1997.
Hisamatsu, Shin-Ichi, Die Fülle des Nichts. Vom Wesen des Zen, Pfullingen 1975.
Hopkins, Jeffrey, Meditation on Emptiness, London 1983.
Ders./Söpa, Lhündub, Der tibetische Buddhismus, 7. Aufl., München 1993.
Johansson, Rune, The Psychology of Nirvana, London 1969.
Kalupahana, David J., Causality. The Central Philosophy of Buddhism, Hawaii 1975.
Kapleau, Philip, Die drei Pfeiler des Zen. Lehre, Übung, Erleuchtung, 9. Aufl., Bern 1992.
Nakamura, Hajime, Indian Buddhism. A Survey with Bibliographical Notes, Tokio 1980.
Norman, Kenneth Roy, Pāli Literature, Wiesbaden 1983.
Nyanatiloka, Buddhistisches Wörterbuch, Konstanz 1953.

Pfandt, Peter, Māhāyana Texts translated into Western Languages. A Bibliographical Guide, 2. Aufl., Köln 1986.
Ruegg, David Seyfort, La théorie du tathāgatagarbha et du gotra, Paris 1969.
Ders., The Literature of the Madhyamaka School of Philosophy in India, Wiesbaden 1981.
Samuel, Geoffrey, Civilized Shamans. Buddhism in Tibetan Societies, Washington/Katmandu 1995.
Schmithausen, Lambert, Ālayavijñāna. On the Origin and the Early Development of a Central Concept of Yogācāra Philosophy, 2 Bde., Tokio 1987.
Snellgrove, David L., Indo-Tibetan Buddhism, London 1987.
Stcherbatsky, Theodor F., Buddhist Logic, 2 Bde., Nachdr., New York 1962.
Tucci, Guiseppe/Heissig, Walter, Die Religionen Tibets und der Mongolei, Stuttgart 1970.
Vetter, Tilmann, The Ideas and Meditative Practices of Early Buddhism, Leiden 1988.
Wood, Thomas A., Mind Only. A Philosophical and Doctrinal Analysis of the Vijñānavāda, Honolulu/Hawaii 1991.
Warder, Anthony K., Indian Buddhism, 2. Aufl., Delhi 1980.
Watanabe, Shoko, Japanese Buddhism, A Critical Appraisal, Tokio 1964.
Zotz, Volker, Der Buddha im Reinen Land. Shin-Buddhismus in Japan, München 1991.
Ders., Geschichte der buddhistischen Philosophie, Reinbek 1996.
Zürcher, E., The Buddhist Conquest of China. The Spread and Adaptation of Buddhism in Early Medieval China, 2 Bde., 2., überarb. Aufl., Leiden 1972.

Zeittafel

ab ca. 1200 v.u.Z.	Vedische Schriften.
ca. 800 bis 400	Upaniṣadische Schriften.
um 480 (?)	Gautama Siddhārtha wird geboren.
um 400 (?)	Gautama stirbt und geht als Buddha ins endgültige Nirvāna ein.
400-280	Mehrere Konzile der jungen Gemeinde; Schisma zwischen Sthavira und Mahāsaṃghika.
327-325	Alexanders Feldzug in Nord-Indien.
ab ca. 300	Kompilation der kanonischen Pāli-Literatur als Tripiṭaka (»Drei Körbe«); Schlußredaktion erst um 500 u.Z.
um 250	Unter der Herrschaft Aśokas breitet sich der Buddhismus im indischen Raum aus. Missionierung Sri Lankas.
um 100 v.u.Z.-100 u.Z.	Entstehung des Bodhisattvayāna (= Mahāyāna); Abgrenzung zum sog. Hīnayāna (»Kleines Fahrzeug«). Älteste Teile der Milindapañhā.
um 50 v.u.Z.-50 u.Z.	Erste Zeugnisse des Mahāyāna: Prajñāpāramitā-Sutren.
ca. 100 u.Z.	Konzil von Kaschmir: Schulversammlung der Sarvāstivāda. Ausbreitung des Buddhismus nach China.
um 200	Der Buddhismus etabliert sich in Zentralasien.
200-250	Entstehung der ersten Mahāyāna-Schule: Mādhyamika, begründet von Nāgārjuna.
ca. 300	Entstehung der zweiten großen Mahāyāna-Schule: Yogācāra, begründet von Asaṅga und Maitreya (nātha).
ca. 320-380	Vasubandhu (Sarvāstivāda und Yogācāra).
um 400	Der Buddhismus gelangt nach Korea.
ca. 400-600	Konstitution des buddhistischen Tantrismus.
um 600	Über Korea erste Ausbreitung nach Japan. Bodhidharma, Begründer (?) des Ch'an/Zen.

629-645	Hsüan-tsang (Vijñānavāda) reist nach Indien.
638-713	Hui-neng (Ch'an).
643-712	Fa-tsang (Hua-Yen).
645-794	Im Japan der Nara-Zeit Vertiefung buddhistischer Studien.
um 700	Candrakīrti (Madhyamaka). Dharmakīrti (logisch-epistemologische Schule). Erste Ausbreitung in Tibet.
767-822	Saichō (Tendai).
774-835	Kūkai (Shingon).
um 792	Debatte von bSam-yas: Tibet folgt dem indischen Buddhismus.
um 970	Der Buddhismus wird in Vietnam Staatsreligion.
1173-1262	Shinran-Shōnin (Jōdoshinshū).
um 1150	Zweite, umfassende Verbreitungswelle in Tibet; Bildung der Klostertraditionen. Die islamische Eroberung beschleunigt den Niedergang des indischen Buddhismus.
um 1200	Der Buddhismus wird in Japan umfassend aufgenommen.
1200-1253	Dōgen (Sōtō-Zen).
um 1340	Ausbreitung nach Laos.
1359-1419	Tsongka-pa, Begründer der Gelugs-pa.
um 1580	Die Mongolen erheben den (tib.) Buddhismus zur Staatsreligion.
1950	Einmarsch chinesischer Truppen in Tibet. Tibet verliert seine Autonomie.
um 1960	Im europäisch-amerikanischen Raum entstehen zunehmend buddhistische Zentren. Teilweise bilden sich neue »euro-amerikanische« Schulen, die mehrere Traditionen vereinen.

Jens Schlieter, geb. 1966, Studium der Philosophie, Tibetologie/Buddhismuskunde und Religionswissenschaft in Wien und Bonn, arbeitet zur Zeit an seiner Dissertation über den methodischen Vergleich europäischer und buddhistischer Sprachphilosophie an der Universität Bonn.

In der Reihe »Zur Einführung« im Junius Verlag bisher erschienen:

Theodor W. Adorno
von Gerhard Schweppenhäuser

Hans Albert
von Eric Hilgendorf

Günther Anders
von Konrad Paul Liessmann

Karl-Otto Apel
von Walter Reese-Schäfer

Hannah Arendt
von Karl-Heinz Breier

Ingeborg Bachmann
von Stefanie Golisch

Roland Barthes
von Gabriele Röttger-Denker

Georges Bataille
von Peter Wiechens

Jean Baudrillard
von Falko Blask

Samuel Beckett
von Friedhelm Rathjen

Henri Bergson
von Gilles Deleuze

Ernst Bloch
von Detlef Horster

Hans Blumenberg
von Franz Josef Wetz

Pierre Bourdieu
von Markus Schwingel

Giordano Bruno
von Anne Eusterschulte

Martin Buber
von Siegbert Wolf

Edmund Burke
von Robert Zimmer

Elias Canetti
von Dagmar Barnouw

Ernst Cassirer
von Heinz Paetzold

E.M. Cioran
von Richard Reschika

Donald Davidson
von Kathrin Glüer

Jacques Derrida
von Heinz Kimmerle

John Dewey
von Martin Suhr

Denis Diderot
von Ralph-Rainer Wuthenow

In der Reihe »Zur Einführung« im Junius Verlag bisher erschienen:

Wilhelm Dilthey
von Matthias Jung

Meister Eckhart
von Norbert Winkler

Umberto Eco
von Dieter Mersch

Mircea Eliade
von Richard Reschika

Norbert Elias
von Ralf Baumgart
und Volker Eichener

Johann Gottlieb Fichte
von Helmut Seidel

Michel Foucault
von Hinrich Fink-Eitel

Paulo Freire
von Dimas Figueroa

Anna Freud
von Rolf Denker

Sigmund Freud
von Hans-Martin Lohmann

Salomo Friedlaender (Mynona)
von Peter Cardorff

Erich Fromm
von Helmut Wehr

Jürgen Habermas
von Detlef Horster

Nicolai Hartmann
von Martin Morgenstern

Martin Heidegger
von Günter Figal

Heinrich Heine
von Ralf Schnell

Thomas Hobbes
von Wolfgang Kersting

Friedrich Hölderlin
von Henning Bothe

Max Horkheimer
von Willem van Reijen

Edmund Husserl
von Peter Prechtl

William James
von Rainer Diaz-Bone
und Klaus Schubert

Karl Jaspers
von Werner Schüßler

Uwe Johnson
von Stefanie Golisch

Hans Jonas
von Franz Josef Wetz

In der Reihe »Zur Einführung« im Junius Verlag bisher erschienen:

C. G. Jung
von Micha Brumlik

Franz Kafka
von Wiebrecht Ries

Immanuel Kant
von Jean Grondin

Sören Kierkegaard
von Konrad Paul Liessmann

Lawrence Kohlberg
von Detlef Garz

Heinz Kohut
von Ralph J. Butzer

Alexandra Kollontai
von Gabriele Raether

Siegfried Kracauer
von Gertrud Koch

Julia Kristeva
von Inge Suchsland

Pjotr Kropotkin
von Heinz Hug

Jacques Lacan
von Gerda Pagel

Gustav Landauer
von Siegbert Wolf

Lao-tzu
von Florian C. Reiter

Emmanuel Lévinas
von Bernhard H.F. Taureck

Claude Lévi-Strauss
von Edmund Leach

Karl Liebknecht
von Ossip K. Flechtheim

John Locke
von Walter Euchner

Niklas Luhmann
von Walter Reese-Schäfer

Georg Lukács
von Rüdiger Dannemann

Martin Luther
von Dietrich Korsch

Rosa Luxemburg
von Ossip K. Flechtheim

Jean-François Lyotard
von Walter Reese-Schäfer

Niccolo Machiavelli
von Quentin Skinner

Karl Mannheim
von Wilhelm Hofmann

In der Reihe »Zur Einführung« im Junius Verlag bisher erschienen:

Herbert Marcuse
von Hauke Brunkhorst
und Gertrud Koch

Karl Marx
von Ossip K. Flechtheim
und Hans-Martin Lohmann

George Herbert Mead
von Harald Wenzel

Montaigne
von Peter Burke

Montesquieu
von Michael Hereth

Robert Musil
von Thomas Pekar

Friedrich Nietzsche
von Wiebrecht Ries

Novalis
von Berbeli Wanning

Blaise Pascal
von Eduard Zwierlein

Jean Piaget
von Ingrid Scharlau

Platon
von Barbara Zehnpfennig

John Rawls
von Wolfgang Kersting

Wilhelm Reich
von Martin Konitzer

Karl Renner
von Anton Pelinka

Paul Ricœur
von Jens Mattern

Richard Rorty
von Detlef Horster

Otto Rühle
von Henry Jacoby
und Ingrid Herbst

Jean-Paul Sartre
von Martin Suhr

Ferdinand de Saussure
von Peter Prechtl

Friedrich W.J. Schelling
von Franz Josef Wetz

Carl Schmitt
von Reinhard Mehring

Arthur Schopenhauer
von Wolfgang Korfmacher

William Shakespeare
von Bernhard H.F. Taureck

In der Reihe »Zur Einführung« im Junius Verlag bisher erschienen:

Georg Simmel
von Werner Jung

Alfred Sohn-Rethel
von Steffen Kratz

Georges Sorel
von Larry Portis

Baruch de Spinoza
von Helmut Seidel

Rudolf Steiner
von Gerhard Wehr

Leo Strauss
von Clemens Kauffmann

Alexis de Tocqueville
von Michael Hereth

Leo Trotzki
von Heinz Abosch

Paul Valéry
von Ralph-Rainer Wuthenow

Max Weber
von Volker Heins

Simone Weil
von Heinz Abosch

Peter Weiss
von Stefan Howald

Carl Friedrich von Weizsäcker
von Michael Drieschner

Alfred North Whitehead
von Michael Hauskeller

Ludwig Wittgenstein
von Chris Bezzel

Virginia Woolf
von Vera und Ansgar Nünning

Buddhismus
von Jens Schlieter

Europäische Mystik
von Gerhard Wehr

Hinduismus
von Andreas Becke

Die Sophisten
von Bernhard H.F. Taureck

Die Vorsokratiker
von Carl-Friedrich Geyer